ビジネス・スキルが
BIZ MARU
ビジマル
まるまるわかる!

実例が教える!

ネット購買心理をつかむ

成功の法則

集客請負人
平賀正彦 監修
Masahiko Hiraga

JN314912

TAC出版

はじめに

私は大学を卒業後に大手のパチンコチェーン店で店長をしていました。店長は休日でも閉店後に売上等の確認のため、仕事があります。さらに、2～3年に一度は転勤するケースが多く、腰を落ち着けて生活することも難しい。子供が小学校に行くようになったら単身赴任も覚悟せねばなりません。あと数年でそんな状況が現実のものとなろうとしていました。そんなとき、出会ったのがインターネットビジネスだったのです。

パチンコ店の店長の経験を元に作成した小冊子を商材にして、ホームページを見よう見真似で作成しました。初めて売れたときは思わずガッツポーズをして、売れるわけがないと言っていた妻に「どうだ、売れたぞ」と自慢したものです。この快感は今でも忘れません。その後、このサイトは爆発的な売上を達成していきます。そして、2003年の春に会社を退職し、夏には法人を設立いたしました。この時点で、会社員時代のすべての悩みは解決してしまったのです。

休日に駆り出されること。もちろんありません。2～3年ごとの転勤。当然ありません。単身赴任。あるわけがない。だって、パソコン1台あればどこでも仕事ができるんですから。しかも、こんな楽しい仕事が。

この本には、成功された数多くの私のクライアントさんの事例が掲載されています。本に書くのは至って簡単ですが、その裏には多大な苦労があったことを感じ取っていただければと思います。

平賀 正彦

本書の使い方

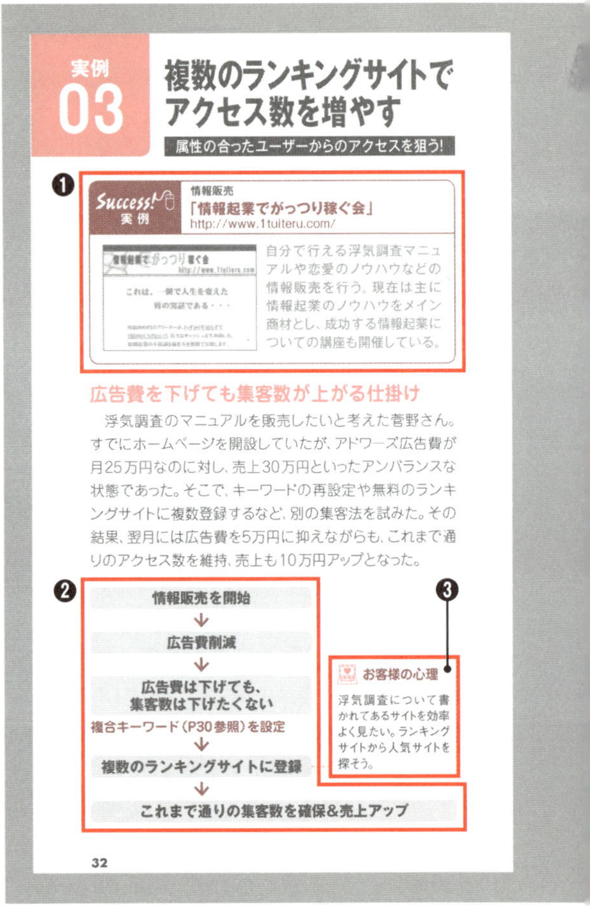

実例
03
複数のランキングサイトでアクセス数を増やす
属性の合ったユーザーからのアクセスを狙う!

❶

Success! 実例

情報販売
「情報起業でがっつり稼ぐ会」
http://www.1tuiteru.com/

自分で行える浮気調査マニュアルや恋愛のノウハウなどの情報販売を行う。現在は主に情報起業のノウハウをメイン商材とし、成功する情報起業についての講座も開催している。

広告費を下げても集客数が上がる仕掛け

浮気調査のマニュアルを販売したいと考えた菅野さん。すでにホームページを開設していたが、アドワーズ広告費が月25万円なのに対し、売上30万円といったアンバランスな状態であった。そこで、キーワードの再設定や無料のランキングサイトに複数登録するなど、別の集客法を試みた。その結果、翌月には広告費を5万円に抑えながらも、これまで通りのアクセス数を維持、売上も10万円アップとなった。

❷

情報販売を開始
↓
広告費削減
↓
広告費は下げても、集客数は下げたくない
複合キーワード(P30参照)を設定
↓
複数のランキングサイトに登録
↓
これまで通りの集客数を確保&売上アップ

❸

お客様の心理
浮気調査について書かれてあるサイトを効率よく見たい。ランキングサイトから人気サイトを探そう。

32

❶	❷	❸
この項目で取り上げるサイトのURL、業務、商品内容を紹介しています。	集客率、売上アップなどの成功までのプロセスをフローチャート図や画像でわかりやすく説明しています。	サイト、商品、サービスを改善する前、改善後のお客様の心理を推測しています。

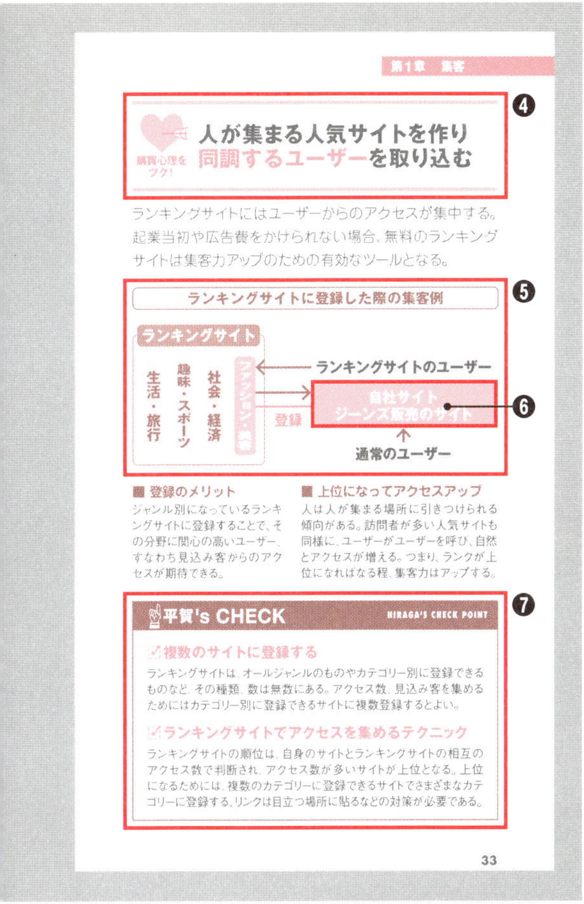

第1章　集客

❹

購買心理をツク!

人が集まる人気サイトを作り同調するユーザーを取り込む

ランキングサイトにはユーザーからのアクセスが集中する。起業当初や広告費をかけられない場合、無料のランキングサイトは集客力アップのための有効なツールとなる。

❺

ランキングサイトに登録した際の集客例

ランキングサイト
ファッション・美容
社会・経済
趣味・スポーツ
生活・旅行
ランキングサイトのユーザー
登録
自社サイト
ジーンズ販売のサイト
❻
通常のユーザー

■ 登録のメリット
ジャンル別になっているランキングサイトに登録することで、その分野に関心の高いユーザー、すなわち見込み客からのアクセスが期待できる。

■ 上位になってアクセスアップ
人は人が集まる場所に引きつけられる傾向がある。訪問者が多い人気サイトも同様に、ユーザーがユーザーを呼び、自然とアクセスが増える。つまり、ランクが上位になればなる程、集客力はアップする。

❼

平賀's CHECK　HIRAGA'S CHECK POINT

☑複数のサイトに登録する
ランキングサイトは、オールジャンルのものやカテゴリー別に登録できるものなど、その種類、数は無数にある。アクセス数、見込み客を集めるためにはカテゴリー別に登録できるサイトに複数登録するとよい。

☑ランキングサイトでアクセスを集めるテクニック
ランキングサイトの順位は、自身のサイトとランキングサイトの相互のアクセス数で判断され、アクセス数が多いサイトが上位となる。上位になるためには、複数のカテゴリーに登録できるサイトでさまざまなカテゴリーに登録する、リンクは目立つ場所に貼るなどの対策が必要である。

33

❹
消費者の購買心理を突き、成功へ導いた要因を表しています。

❺
成功までのプロセスを普遍化し、図解で紹介しています。

❻
この図解の中で、特にポイントとなる要素を■で表しています。

❼
この項目の総評やネットビジネスにおいて重要なポイントを解説します。

contents

押さえておきたい ネットビジネスの 基本と流れ

ネットビジネスでの成功例から理論とポイントを学ぶ前に、まず「ネット上の購買心理を学ぶと何がわかるのか」「どのようなプロセスや手法を行うのか」を理解する必要がある。ネットビジネス初心者や今のビジネスをもっと飛躍させたい人は、ここで基本となる流れとポイントをおさえておこう。

check

ネットビジネスを始める前に知っておきたい基本の知識

ありとあらゆる業種がインターネットの世界に可能性を求めてビジネスをしている。それは、大・中小企業などの法人から、副業として始める個人まで平等に、ビッグビジネスのチャンスがあるからだ。まずは、ネットビジネスの特徴を押さえておこう。

ネットだけで広がるビジネスの可能性

あなたの会社はネットをどのように利用しているだろうか。大半は広告・販促ツールや店舗として利用しているだろう。では、今の状況に満足しているだろうか。多くの人は「NO」だろう。「もっとうまくいく方法はないか」と悩んでいてもネットマーケティングの専門家ではないため、「仕方ない」という選択をしてしまう。そんな悩み多きビジネスマンにネットビジネスのおもしろさを学んでもらう前に、ネットビジネスの基本と特徴を解説していこう。

ネットビジネスとは、ネットのみでもお金を稼ぎ出せるということであり、リスクが少ない反面、稼ぎ出せるまでが困難なのが最大の特徴と言える。軌道に乗るまでが難しいとはいえ、稼ぎ続ける秘訣はいたってシンプルだ。それは、過去を知り、有効だった方法やツールに何かを組み合わせていくこと。定期的な収入が見込めるようになれば、そのノウハウを元に独立開業することもできる。例えば新商品特設サイトを作り、売れるしくみを作って独立することだってできてしまうのだ。

全国（必要とあらば海外も）の消費者相手にビジネスができる魅力的なネットで、あなたの会社やお店のために「新しい売上げ」を作り出そう！

リアル店舗がなくても店舗が持てる!

ネットビジネスは、店舗を持たずに営業しているショップで、正反対なのが店舗を構えて営業をしているリアル店舗。ここでは、リアルショップにはない、ネットショップならではのメリットがたくさんあることを押さえておこう。

そのひとつが「24時間営業」ができること。リアル店舗のように従業員を常に配置するわけではなく、店員が1人でも運営が可能なのだ。しかも、人件費を抑えることができ、低予算で運営できるのが最大のメリット。

お客様側も、好きな時間に買い物ができ、自分の都合に合わせて商品を受け取ることができる。さらには、部屋から1歩も出ずに欲しいものが手に入ってしまうのだ。

ネットショップとリアルショップ

ネットショップ　**お客様の心理**

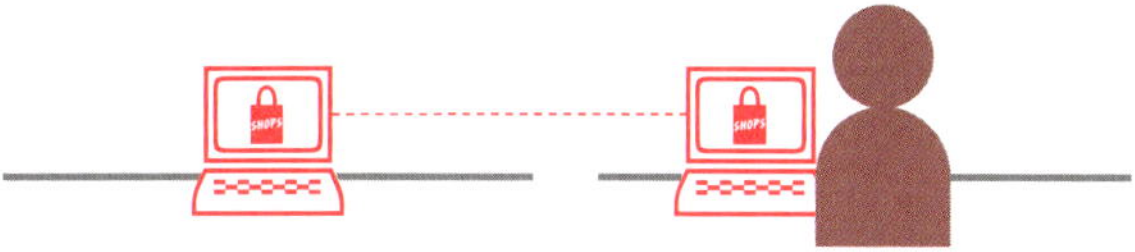

- 24時間営業が可能になる
- 店員が1人でも運営が可能
- 人件費を抑えることができる

- 好きな時に好きな場所で買い物ができる
- 自分の都合に合わせて商品を受け取れる
- 買い物に行かなくても購入できる

リアルショップ　**お客様の心理**

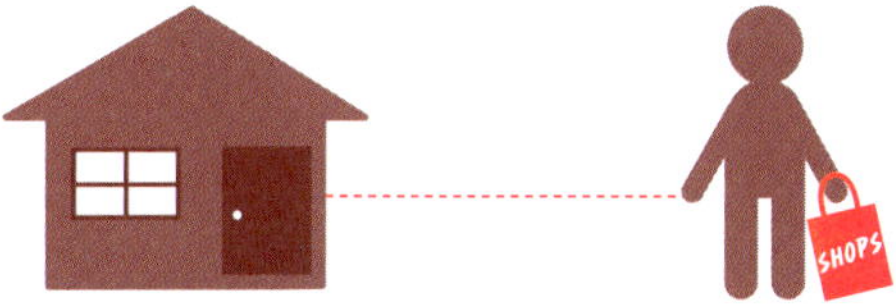

- 営業時間が限られている
- 現場の運営に人が必要
- 人が増えれば人件費も増える

- 直接見て・触って購入できる
- 商品について店員に直接聞ける
- 買い物に出かけないと購入できない

check

ネットビジネスの始め方と販売プロセスを学ぶ!

ネットでビジネスを成立させるためには、お金をかけて広告を出して稼ごうと考えてしまいがちだが、ネットビジネスの基本は、集客→誘導→差別化→決定→分布・反復という一連のプロセスの中で仕掛けていくものなのだ。

ネットビジネスの全体像をつかむ!

ネットビジネス初心者にとって、一番不安なのがネットに関しての知識が乏しいということ。馴染みのないネット用語は抜きにして、まずはネットビジネスを行う前に全体像をつかんでおく必要がある。やるべきことは、①売る商品を決める、②ホームページを作成する、③タダで集客する、④成約率を上げる、⑤お金をかけて集客する、という流れで進めるのが基本。工夫が必要なのは、①から④の流れの中で、消費者や時代にあったツールを利用して、“どう仕掛けて稼ぎ続けるか”だけなのだ。本書では、成功実例を元に[集客→誘導→差別化→決定→分布・反復]と段階を追ってポイントを示し、ネットビジネスの基本と仕掛け方を学べるように構成している。では、各プロセスについて学んでいこう。

ネットビジネス成功へのステップ

集客	→	**誘導**	→	**差別化**	→	**決定**	→	**分布・反復**
▶P25へGO!		▶P41へGO!		▶P63へGO!		▶P79へGO!		▶P97へGO!

ネットビジネスの流れ① 売る商品を決める

ネットで扱える商材とリスクを学ぶ

ネットビジネスに向いている商材は①サービス系、②物販、③情報販売の3種類に分けられる。各ジャンルの特徴とリスクをご説明しよう。

①のサービス系は、専門的な知識や技術を必要とするもので、それらをサービスとして提供するビジネスのこと。コンサルタント業や士業、ホームページ作成サービスなどの専門的なスキルがあれば、安定したビジネス展開が見込めるのが特徴だ。事業の幅やキャパシティによっては事務所やスタッフが必要であり、費用がかかる。

②の物販は、自社の製品や仕入れた商品を販売するビジネスのこと。商品というモノを販売するため、在庫を抱えるというリスクを回避するようなビジネス展開を考える必要がある。仕入をせず、アフィリエイトやドロップシッピングなどの販売方法を利用してのビジネス展開が主流だ。

③の情報販売は、個人や企業オリジナルのノウハウを商材にしてビジネスをすること。情報ビジネスはモノを必要としないため、リスクは少ないが、お金を出してでも必要と思ってもらえなければ成立しないビジネスでもある。

商品は3種類にジャンル分けされる

サービス系	ex. コンサルタント業、借金相談業、税理士、ホームページ作成業など
物販	ex. 美容商品代理店、アウトレット家電販売、お取り寄せショップなど
情報商材	ex. ギャンブルで儲けるノウハウ、副業ビジネスマニュアル、絶対モテる恋愛マニュアルなど

ネットビジネスの流れ②

ホームページを作成・準備する

パソコンやネット・通信環境を用意する

扱う商品があっても、通信手段がなければ売ることができない。まずは、必要最低限の環境を用意し、ビジネスの基盤となるホームページの作成をする必要がある。作成の手段は大きく分けて次の2つ。①ドメインを取得する、②ホームページ作成ソフトを使う。

ドメインは、ネット上の住所と言えるので、世界にひとつしかない自社だけのアドレスである。「レンタルサーバー」というネット上の店舗・事務所も同時に借りる必要がある。ネットショップ開設サービスというショップ開設に必要な機能をひと通り提供しているサービスもある。

②のソフトで代表的なのがホームページビルダー。ソフトを購入して、自分のパソコンでホームページを作成することができる。

①、②ともに費用がかかるが、無料で作成することも可能。本格的なビジネスを始める前に有効なツールとして無料ブログサービスやホームページサービスがある。

以下にホームページ以外に、あると便利なものを紹介する。

パソコン&ネット環境

ネットビジネスの特性上、必須の道具。これがなければ、ビジネスは始められない。サイトの更新や顧客とのメール、財務データの管理にも使う。

デジタルカメラ

商品写真を撮るのに必要なツール。ウェブ上では、サイズが大きい写真は適していないため、手持ちのものでも問題ない。

プリンター

書類やチラシ、ファックスDMを作成するときにプリンターが必要になる。商品を発送する際に同封する送付状を印刷など、使用する頻度は高い。

電話&ファックス

メールで顧客との連絡はできるが、携帯電話のほかに緊急を要する時や、顧客に信頼感を与えるためにも固定電話やファックスがあるとベター。

ネットビジネスの流れ③

ネットを使ってタダで集客する

扱う商材にあった集客ツールを使う

決済方法や発送方法を決めてホームページを作成した後は、いよいよ集客（営業）に入る。ネットビジネスで集客をするには、集客=宣伝=広告と考えてしまいがちだが、ネット広告は費用がかかり、効果は出ても負担が大きい。ネットビジネスのスタート時は、顧客が少ないため、お金をかけないでできる集客が必要になる。お客様の推薦文を獲得するために、モニターを募集して格安で商品を提供することなども集客力を上げる工夫の一つだ。また、物販ならば配送費や梱包費などは抑えたいが、商品価値を高めるためにパッケージの見栄えをよくすることは必要だ。

さらに、お金をかけない集客方法として無料ツールを使う方法や比較的安く利用できる集客ツールがある。

お金をかけない集客方法はこんなにある

メルマガ	メールを使って情報発信できるメディア。ユーザーは自分が欲しい情報を選択でき、発信側は、想定読者に向けて有益な情報を発信できる（詳しくはP36）。
ランキングサイト	テーマやジャンルによって人気サイトがランキング形式で表示されるサイト。人気のランキングサイトであればあるほど、ユーザーの目につきやすい（詳しくはP32）。
検索エンジン	インターネット上に公開されている情報をキーワードなどを使って検索できるサイトのこと。YahooやGoogleなどが有名（詳しくはP28、30）。
SNS	ソーシャル・ネットワーキング・サービスの略で、ネット上に共通の趣味や興味を持つ者同士でコミュニティを作り、情報を交換することができるサービス（詳しくはP108）。
ブログ	日記のように簡単に文章を記録できるホームページのこと。画像や動画も貼り付けることができ、人気のサイトには他社からの広告がつくことがある（詳しくはP34）。

既存ホームページを修正して成約率を上げる

お金よりも時間をかけて成約率を上げる

ホームページを作成して、アクセス数が増えてきたら、次に売上を上げなければいけない。サイトのアクセス数が増えたとしても、売上までつながらないことが多いため、ネットビジネスのスタート時はここで苦労する。だが、世の中にあるサイトの中には、少ないアクセス数でも成約率が高いサイトや、アクセス数も成約率も高い優秀なサイトが存在する。これらのサイトが成功を収めている秘訣とは何だろうか。

ユーザーは、サイトを隅から隅まで見ているわけではなく、自分に必要な情報しか見ないもの。成約率が高いサイトにするためのポイントを以下で紹介する。

ホームページを修正するだけでできる成約率アップ術

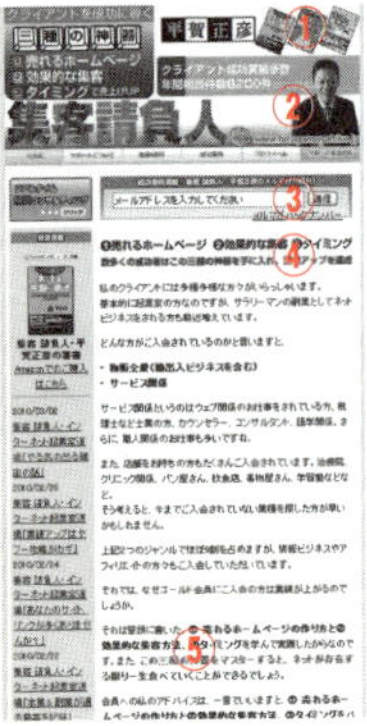

①トップページの見せ方の工夫

訪問者が何のサイトなのかがひと目でわかるような構成にする。

②運営者の顔写真を入れる

サイトの運営者がひと目でわかるような写真を入れる。

③メルマガ登録欄を入れる

訪問者を顧客にするために、メルマガ登録欄を配置し、目につくようにする。

④訪問者を誘導する見出し

1つの目玉商品や引きつける見出しで紹介し、次の文章へ誘導する。

⑤色や太字を使い分けた文章に

強調したい文章を太字にしたり、背景に色をつけるなどしてメリハリをつけ、訪問者を最後まで飽きさせない文章を心がける。

ネットビジネスの流れ⑤ お金をかけて集客する

利益が出てから少しずつ広告費をかけて集客

　ネットビジネスが軌道に乗ってきたら、利益を確保しつつ広告にお金をかけて集客をしてもいいだろう。集客法は代表的な検索サービスに広告を掲載する方法や、効果的な検索キーワードの設定やアフィリエイトなど、無数にある。無駄にお金をかけずに、利益が50万円を超えたら少しずつ、100万円を超えたら思い切って広告費を投入しよう。広告費の目安は利益の20%程度などと決めておくと、利益を確保しつつ効果的な広告の活用ができる。

　代表的な検索サービスに掲載する広告でYahoo! JAPAN社とGoogle社の広告を使用する事が多い。SEOを行い、費用対効果を考えた使い方をしたい。

検索サービスのSEO対策

Yahoo! JAPAN社

検索キーワードと連動して広告が表示されるヤフーリスティング広告。1クリックされるごとに広告料が発生する。クリックされなければ料金は発生しないため、費用対効果が高い。

Google社

検索キーワードと連動して広告が表示されるアドワーズ広告が有名。クリック数と課金が連動している。1日の広告料金の上限を決めることができる広告だ。

アフィリエイトの仕組み

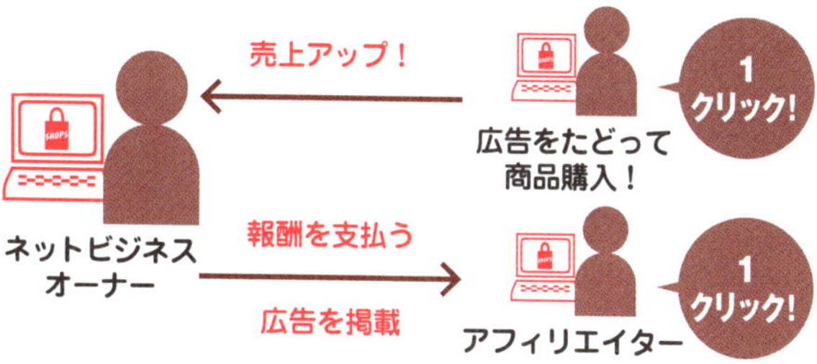

check

ネットショップのメリット&デメリット

リアルショップにはないネットショップを経営する上で押さえておきたいメリットとデメリットを紹介する。ネット特有のデメリットを理解した上で、メリットを活かした集客と成約のテクニックを用いて売上を上げていこう。

ネットショップのメリットとは?

顧客がネット利用者に限定されるとはいえ、ネットショップには無限の可能性がある。しかし、自社のホームページを訪問してもらうためには、さまざまな工夫が必要である。多くのユーザーが訪問し、リピーターを数多く獲得するためにも、メリットとデメリットをしっかり理解しておこう。

これらを理解した上で、ネットショップの将来性や可能性、メリットを活かして実現できることも押さえておこう。

メリット

初期費用が抑えられる

店舗の賃貸料や光熱費など、初期費用がかさんでしまうリアルショップと違い、ネットショップは店舗を必要とせず、パソコンとインターネット環境があれば始められるため、初期費用を抑えることができる。

最新の商材を伝えられる

リアルショップは、商品の仕入・陳列や値札を貼るなどの作業があり、新しい商品・情報を紹介するのに時間と費用がかかる。ネットショップは、写真と商品紹介文を用意すれば、すぐに最新情報を詳しく紹介できる。

年中無休で営業ができる

人件費がかかり、業種によっては24時間営業もできないこともあるリアルショップ。ネットショップは、お店が閉まることはないため、夜中でも注文を受けることができる。、常にお客様の連絡を待たなくても運営できる。

運営費が抑えられる

リアルショップは、店舗でお客様の対応をする人員を必要とするため、人件費がかかってしまう。ネットショップは店舗もなく、ショップの運営者1人でもできるため運営費を抑えることができる。

デメリット

商品に触れられない

ネットショップは、商品の情報を写真と紹介文でしか伝えられないが、リアルショップでは、商品を直接見て触ることができ、ユーザー側は購入後の失敗や不安が少ない。さらに、ネットショップでは顧客から「思っていたものと商品が違う」という理由で、クレームや返品等が起こる可能性も高い。

顧客がネット利用者のみ

リアルショップでは、道行く人に対して看板やディスプレイなどで目に留まるような工夫をして集客できるが、ネットショップの場合は、インターネット利用者のみになるのはもちろん、検索でヒットする必要や、訪問してもらう必要があるなど偶然の集客にはほとんど期待できない。

人と人との関わりが薄い

ネットショップは、リアルショップのような店員さんとお客様という対面式ではないため、顔が見えないという理由で、不安に思うネット利用者は多い。そこで、ネットショップ利用者の信頼を得るための工夫や仕掛けが必要になってくる。

配送費がかかってしまう

リアルショップは、お客様が店舗に足を運んで購入する形だが、ネットショップは商品代金のほかに配送費がかかってしまう。商品の値段が安ければ安いほど配送費が割高に見えるため、購入金額に応じた配送サービスを考えたい。

メリットを活かして実現できること

趣味を活かして販売

趣味で集めているモノをネットオークションで売ることもできる。コレクション性の高いものであれば、値段がはね上がり、思わぬ副収入になる可能性もある。

実店舗とネットショップ

実店舗の支店としてもネットショップを活用できる。ネットのみの限定商品やネットのみで手に入れられるクーポンなどで実店舗との差別化を図り、利益を上げることができる。

オリジナルブランド

自分の特技を活かしてオリジナルブランドや商品を販売することも可能になる。

独立を目指せる

社内ベンチャー事業のように、ネットショップで利益が得られれば、独立も夢ではない。

副業としての収入

アルバイトとは違い、本業をしつつネットショップで副収入を得ることができる。副業が本業の売上を超える場合も考えられる。

check

ネットビジネスに必要な メール対応のマナー

ネットビジネスにおいて、顧客との連絡手段は主にメールになる。それは、お客様に与えるショップ側の誠意や信頼感がすべてメールに委ねられてしまうことを意味する。そこで、失礼にあたらないメール対応のマナーを覚えることは必須と言ってよい。

1本のメールや電話で変わるショップの印象

ネットビジネスでは、顧客とのやり取りはすべてメールや電話である。そのため、メールの一文や電話での対応に配慮していかないと、お客様に不快な思いをさせてしまい、ショップの信頼を損なうことになる。お客様の視点を考えた誠意のある文章で、かつ、お客様が理解に苦しむことがないような対応を心がけよう。少なくとも次にあげる点は、最低限守るべき対応として考えたい。①顧客からのメールには24時間以内に回答・対応する。②顧客からの用件が緊急を要する場合は、時間帯への配慮を踏まえた上で電話で対応する。お客様の立場を考えた対応であれば、誠意が伝わるのだ。

注意したいメール対応

お客様からのメールには24時間以内に返信

お客様からのメールへの返信は、早ければ早いほどよいが、時間帯によっては返信できない場合もある。最低、24時間以内には返信・回答したい。回答に24時間以上かかる場合は、問い合わせのメールを確かに受け取ったことを報告するメールを送る。

急を要する用件には電話も併用して対応

お客様によっては、急を要するため電話で話したい場合がある。そのためにも、メール以外に電話対応も可能にしておくほうがよい。ただし、お客様との信頼関係を築くためにも、電話をする時間帯には配慮しておこう。

目的に応じたメール作成チェックリスト

注文確認時

お客様から商品の注文が入ったら、注文を承った旨と同時に代金の支払いに関してのメールを返信する。お客様からのメールの内容に不足がある場合は、その旨も一緒に送ろう。

check list

- ☑ 間違いやいたずらメールではないか
- ☑ ショップ側の問い合わせ先を書いているか
- ☑ メールに注文をいただいた商品の内容と総額を記載しているか

注文完了時

注文の確認ができたら、お客様へ注文の受付が完了したこと、配送の準備に入っている旨を正式に知らせるメールを送るようにしよう。

check list

- ☑ 正式に注文を受理したことを伝えているか
- ☑ 商品送付先住所や連絡先、配送予定日時などを明記しているか
- ☑ ショップ側の問い合わせ先を書いているか

発送完了時

発送処理が完了したら、商品の到着日や、配送業者名や管理番号、配送追跡サービスなどのURLを掲載したメールを送ろう。

check list

- ☑ 商品を発送した旨を明記しているか
- ☑ 商品到着予定日に届かない場合の対処法を明記しているか
- ☑ どの配送業者を用いたかを明記しているか
- ☑ ショップ側の問い合わせ先を書いているか

ネット
ビジネスで
よくある

トラブルQ&A

ネットビジネスでは実社会同様、いろいろなトラブルに巻き込まれたり、遭遇することがある。そこで、よくあるトラブルとその対処法をQ&A方式で学んでいこう。

Q 商品が配送時に破損してしまい、クレームを受けた

A ショップの責任で代わりの商品を送る

物販などのネットショップの場合、配送前の商品の状態が悪い場合はもちろんだが、配送してお客様に商品が届くまで責任を負わなければならない。破損していた場合は、返品から代わりの商品を送る費用もショップ負担になってしまう。そのため、配送業者から配送完了の連絡がくる仕組みにしたり、破損しないよう念入りに梱包する必要がある。

Q 商品の配送が完了したが代金の支払いが一向にない

A 内容証明や訴訟を起こす

メールや電話でのやり取りが多いネットビジネスで一番多いトラブルが代金の未払い。顧客が忘れているだけであれば、メールや電話で催促すればよいが、悪質な場合もある。催促しても払ってもらえない場合は、内容証明での催促が最適。それでも支払いがない場合は、小額訴訟が最終手段になる。未払いを防ぐ方法として、代金引換やクレジットカード払いをメインの決済方法にするとよい。

Q 商品がイメージと違うということで返品を要求された

A 特定の商取引法に則り、返品作業をする

実店舗での返品に関しては、クーリングオフ制度が適用されるが、ネットに関しては適用外になってしまう。ネットビジネスでの代金の返金や商品の返品・交換に関しては、特定商取引などの法律に従順しなければいけない。そのため、法律の返品に関する条件の表示が義務づけられている。食品などの賞味期限のある商品の場合は、返品を受けつけられない旨を明記することで、返品を回避できる。

第1章
集客

サイトへの訪問を促し集客力を上げる

売上を上げるにも、利益を増やすにも、まずは、自社サイトを多くのユーザーに知ってもらわなければ始まらない。そのためには、集客方法を画一化せず、さまざまな手法で試みることだ。費用対効果の低い広告よりも無料ブログでの集客法、アナログツールの効果的な使い方など、今、備えておきたい集客のノウハウを見ていこう。

Introduction 集客

集客手段を分散しておけば集客力は確実にアップする!

集客率を上げるためには、1つの集客方法で満足してはいけない。検索エンジン対策、ブログ、PPC広告、電話、ファックス、あらゆるツールを効果的に、かつ総合的に使うことが、安定した集客、売上アップにつながるのだ。

分散型の集客方法でビジネスを安定させる

集客の第一段階は、検索エンジン関連を攻略することにある。「Yahoo!、Googleで上位に表示される」「Yahoo!のカテゴリ登録を行う」「Yahoo!リスティング広告」を使うことは、集客での有効な手段と言える。あえて第一段階としたのは、現状既に集客ができていたとしても、次の集客方法を検討、実践する必要があるためだ。特に集客のすべてを検索エンジン関連対策でカバーすることは、常にリスクと隣り合わせということになる。検索エンジン頼みの集客法は、自分でコントロールできるものではない。検索エンジン側の変更など、それまでの方法が通用しなくなれば、そのマイナスがそのまま集客、売上の減少に直結する。ネットビジネスの集客のスタートは、検索エンジン対策ではあるが、それだけに依存しない集客スタイルを早めに確立していくことが安定した集客力、売上につながるのだ。

では、検索エンジン対策に依存しない集客スタイルとは何か。それは、ブログやメールマガジンのファン獲得、関連ジャンルのサイトへのリンクの登録などを行って、集客手段を分散させることである。例えば、複数のブログを作っておけば、その中の1つのブログの集客力が落ちても、ほかのブログで補うことができる。集客手段を分散することは、リスクを分散することでもあるのだ。

集客方法とその効果

第一段階	＋	第二段階	
ユーザーの確保		**宣伝活動**	
検索エンジン対策		ブログ メールマガジン PPC広告（クリック課金型広告）	ファックスDM

↓

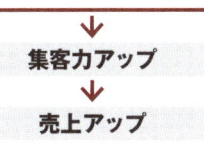

集客力アップ

↓

売上アップ

ネットとリアルの融合こそ最強の武器

ネットでの集客にも限りがある。また、ターゲット層によってはネットでのアプローチが必ずしも効果的でない場合もある。集客を考える上で重要となるのは、すべてをネットに依存しないことだ。「古い」と思われる電話やファックスを使うことで、集客力が格段に上がるのだ。一見、時代遅れと思えるこれらアナログなツールこそ、ネットの限界をサポートする有効な手段と言える。

集客力アップのための「リアル」な手段

電話	無料相談やクロージングなど、個別に対応することで、丁寧な接客という印象を与えられる。また、相手の疑問や不安をその場で解消できるため、成約につながりやすい。
ファックス	相手の番号が確実にわかる場合に有効な手段。企業相手のビジネスであれば、ファックス代行業者に依頼することも可能。ただし、迷惑がられる可能性も視野に入れておくこと。
ニュースレター 見込み客、既存客に出す新聞形式の情報発信ツール	ニュースレターは個人宛に送るメールと違い、家族や友人など複数の人の目に触れる可能性がある。つまり、自然にその宣伝効果を広げていくツールと言える。

実例
01

短期間でラクに集客するエリアとテーマ設定

効果的なスモールワードでお客様を呼び込む!

Success! 実例

マリンスポーツショップ

「Sururu」

http://sururu.info/

沖縄でマリンスポーツやバーベキューをメインとした旅行を斡旋するサイト。団体客向けの割引サービスを設け、メインターゲットを学生に絞り込んだ内容が特徴。

詳細な地域、テーマ設定で売上げ倍増を実現!

沖縄でマリンスポーツショップを経営する玉城さんは、以前からサイトのレイアウト、写真などの調整を行っていたが、さらなる業績アップのため、検索エンジン対策を行った。玉城さんはキーワードとサイトの内容を「沖縄　卒業旅行」「沖縄　学生旅行」と、エリアとターゲットを厳選したものに変更。すると、1週間でトップに表示され、見事集客を増やし、売上も前年比200%を達成した。

「沖縄」「学生・卒業旅行」をキーワードに設定

↓

学生メインのサイトに変更、修正

↓

1週間後、トップに表示される

↓

集客率アップ、成約率2倍に

↓

売上前年比200%達成!

お客様の心理

卒業旅行に沖縄に行きたい。学生でも手頃な価格で行ける、沖縄旅行を探したい。

お客様の心理

学生が団体で楽しめそうなプランがありそう。

購買心理をツク!

効果的なスモールワードでアクセス数アップを目指す!

スモールワードの中でも、地域名は上位表示を狙いやすいキーワード。このようなキーワードはコストをかけずに、比較的短期間で集客をすることができる。

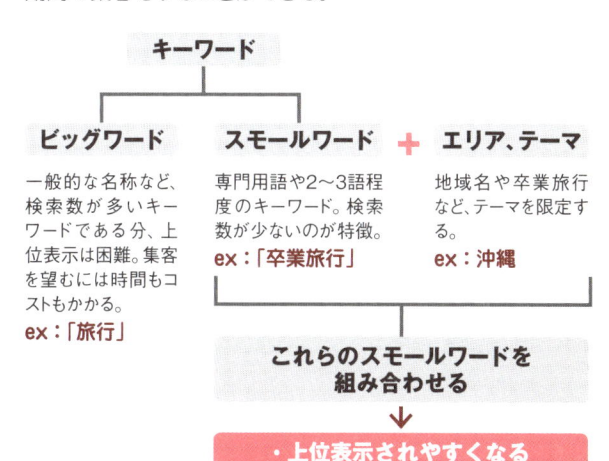

キーワード

ビッグワード

一般的な名称など、検索数が多いキーワードである分、上位表示は困難。集客を望むには時間もコストもかかる。

ex：「旅行」

スモールワード

専門用語や2～3語程度のキーワード。検索数が少ないのが特徴。

ex：「卒業旅行」

＋

エリア、テーマ

地域名や卒業旅行など、テーマを限定する。

ex：沖縄

これらのスモールワードを組み合わせる

↓

・上位表示されやすくなる
・定期的にアクセスされる

平賀's CHECK　HIRAGA'S CHECK POINT

☑より限定したエリア設定がカギ!

上位を狙いやすいキーワードは、地域名。ただし、「東京」「大阪」などの大都市になるとライバルも増える。そのような場合は、「新宿区　○○」のようにもう一段エリアを絞ることがポイントとなる。

☑サイトを分割してフォローする

キーワードを限定した場合は、サイトをテーマごとに複数作るとよい。「沖縄　家族旅行」のように、テーマ別に独立したサイトを運営すれば、各所で集客が望める（P126参照）。

実例
02

複合キーワードで購買意欲の高い集客を狙う

業界を超えて使える集客キーワードはコレ!

Success! 実例

ホームページ作成業
「コチャー株式会社」
http://www.clicktrade.jp/

集客に特化したホームページ制作やアクセスアップ代行を請け負うサイト。「確実に結果を残すWEBサイト構築」をモットーにSEO対策、LPO対策を推奨している。

競争率の低い専門用語で集客を確保

ホームページ作成業をしている桑原さんは、IT用語である「LPO」というキーワードに関する問い合わせが多いこと、さらに、このキーワードについて問い合わせをされるお客様は、成約率が高いと分析した。そこで、桑原さんがキーワードに「LPO対策」と追加したところ、これまでよりも上位に表示されるようになり、成約率の高いお客様を集めることに成功した。

キーワードの変更を行う

↓ ↓

一般的なキーワード ＋ **専門用語**

「ホームページ」「作成」　「LPO」 ※設定者が少ない

↓

上位表示されやすくなる

↓

購買目的が明確なお客様からのアクセス増加

↓

成約率アップ

お客様の心理

成約率の高いホームページが作れる会社を探したい。「LPO」と入れて検索してみよう。

購買心理をツク!

購買目的が明確なお客様を集める複合キーワードの選定

上位表示を可能にするひとつの方法として、専門用語を含めた複合キーワードの設定がある。効果的なキーワードを選び、うまく組み合わせて集客率アップを狙う。

複合キーワードの考え方

専門用語を設定 ＋ **効果的なキーワードを設定**

専門用語を設定	効果的なキーワードを設定
専門用語を用い、サイトや商品のメリットを表すキーワードを設定する。	専門用語に「費用」「価格」「料金」「コスト」などのキーワードを組み合わせる。
↓	↓
専門用語を設定しているサイトは少ない	**購買意欲の高いお客様からのアクセス増加**
↓	↓
上位表示されやすくなる ＋	**成約率アップ**
専門用語は設定者が少ないため、上位表示される可能性が高い。また、設定するキーワードによっては、お客様の購買目的や条件を把握することができる。	費用や価格といったキーワードを入力しているということは、購買意欲の高いお客様である場合が多い。このようなキーワードを設定することで、成約率の高い集客が望める。

平賀's CHECK　HIRAGA'S CHECK POINT

☑複合キーワードが重要な理由

業界によってはキーワードに選んだ専門用語が、激戦キーワードの場合もある。そのような場合は、2語以上の複合キーワードを作ることで、上位表示が狙いやすくなる。

☑法人向けビジネスには専門用語が有効

PPC広告においてキーワードの単価が上昇していることを見ても、キーワード選びは今後も注意したい点。専門用語は比較的単価も安く、表示結果も上位を狙いやすいため、法人向けのビジネスには有効である。

実例 03

複数のランキングサイトでアクセス数を増やす

属性の合ったユーザーからのアクセスを狙う!

Success! 実例

情報販売

「情報起業でがっつり稼ぐ会」

http://www.1tuiteru.com/

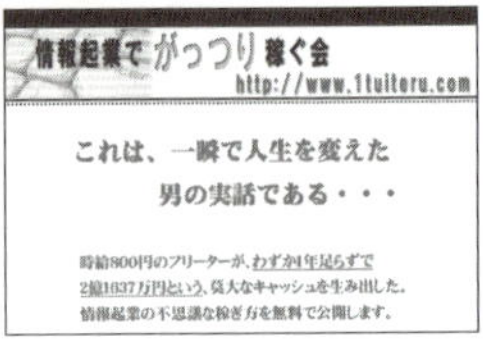

自分で行える浮気調査マニュアルや恋愛のノウハウなどの情報販売を行う。現在は主に情報起業のノウハウをメイン商材とし、成功する情報起業についての講座も開催している。

広告費を下げても集客数が上がる仕掛け

浮気調査のマニュアルを販売したいと考えた菅野さん。すでにホームページを開設していたが、アドワーズ広告費が月25万円なのに対し、売上30万円といったアンバランスな状態であった。そこで、キーワードの再設定や無料のランキングサイトに複数登録するなど、別の集客法を試みた。その結果、翌月には広告費を5万円に抑えながらも、これまで通りのアクセス数を維持、売上も10万円アップとなった。

情報販売を開始

↓

広告費削減

↓

広告費は下げても、集客数は下げたくない

複合キーワード(P30参照)を設定

↓

複数のランキングサイトに登録

↓

これまで通りの集客数を確保&売上アップ

お客様の心理

浮気調査について書かれてあるサイトを効率よく見たい。ランキングサイトから人気サイトを探そう。

購買心理をツク!

人が集まる人気サイトを作り同調するユーザーを取り込む

ランキングサイトにはユーザーからのアクセスが集中する。起業当初や広告費をかけられない場合、無料のランキングサイトは集客力アップのための有効なツールとなる。

ランキングサイトに登録した際の集客例

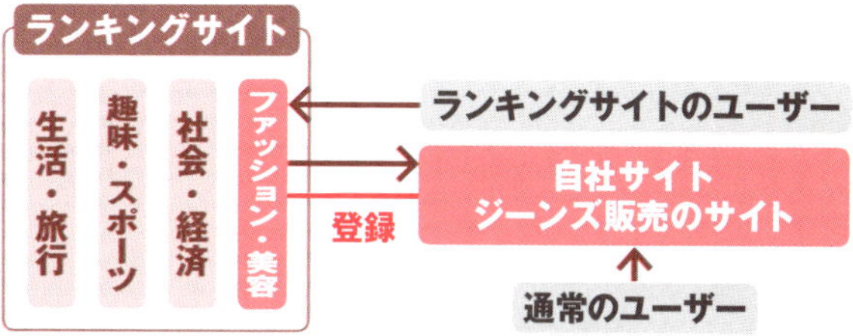

■ 登録のメリット

ジャンル別になっているランキングサイトに登録することで、その分野に関心の高いユーザー、すなわち見込み客からのアクセスが期待できる。

■ 上位になってアクセスアップ

人は人が集まる場所に引きつけられる傾向がある。訪問者が多い人気サイトも同様に、ユーザーがユーザーを呼び、自然とアクセスが増える。つまり、ランクが上位になればなる程、集客力はアップする。

平賀's CHECK

HIRAGA'S CHECK POINT

☑ 複数のサイトに登録する

ランキングサイトは、オールジャンルのものやカテゴリー別に登録できるものなど、その種類、数は無数にある。アクセス数、見込み客を集めるためにはカテゴリー別に登録できるサイトに複数登録するとよい。

☑ ランキングサイトでアクセスを集めるテクニック

ランキングサイトの順位は、自身のサイトとランキングサイトの相互のアクセス数で判断され、アクセス数が多いサイトが上位となる。上位になるためには、複数のカテゴリーに登録できるサイトでさまざまなカテゴリーに登録する、リンクは目立つ場所に貼るなどの対策が必要である。

実例 04

集客費用0円を可能にする無料ブログ活用法

ブログの量産で高い集客率を狙う!

Success! 実例

ホームページ作成業

「コチャー株式会社」

http://www.clicktrade.jp/

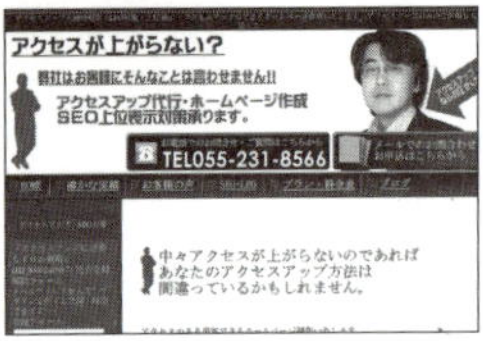

集客に特化したホームページ制作やアクセスアップ代行を請け負うサイト。「確実に結果を残すWEBサイト構築」をモットーにSEO対策、LPO対策を推奨している。

コスト0の集客法で前年比3倍の業績を上げる!

ホームページ制作業の桑原さんは、検索エンジン対策と共に無料のブログを作成し、費用をかけずに集客を行った。ブログは1日に何度も更新してアクセス数を増やしたり、読者登録機能を活用することで、見込み客作りのツールとして活用。その後は電話対応やセミナーを開いたり、参加するなどして、お客様とダイレクトに接することで成約に結びつけ、集客コスト0円から月商500万円という売上を実現させた。

SEO対策

複合キーワード(P30参照)を設定

+

無料ブログ

更新回数を増やしてアクセス数アップ
読者登録機能を活用した見込み客作り

↓

集客

↓

電話、セミナーで対面フォロー

↓

成約

お客様の心理

検索したらブログがヒットした。上に表示されたブログから順に見てみよう。

お客様の心理

電話で成約までの疑問点や発注したい内容を話せるので、こちらの意図を伝えやすい。

購買心理をツク!

ブログなら情報を読んだり、書いたりしやすい！

ブログはホームページより更新頻度が高いため、検索エンジンでヒットしやすい。使い勝手のよいブログをうまく活用することで、集客、成約率アップを狙うことも可能となる。

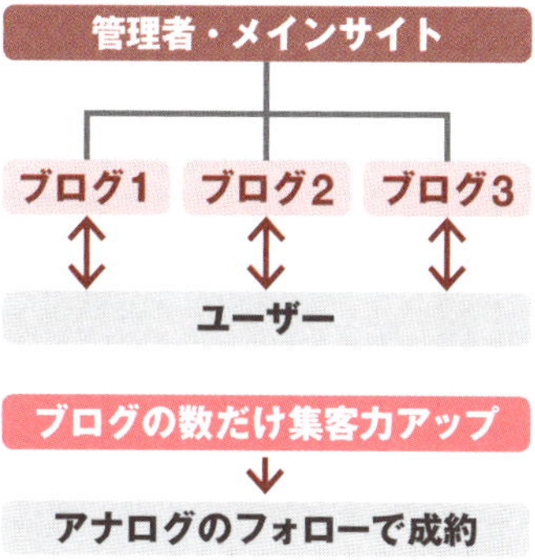

■ 検索エンジンを攻略

更新頻度が高く、シンプルでわかりやすい構造のブログは、上位表示を狙いやすく、集客力も上げることができる。

■ 見込み客を作る

ブログは手軽に情報を読んだり、書き込みができるため、活気のある情報交換が望める。ブログの内容がおもしろければ、アクセス数が増え、顧客作りにもつながる。

■ 成約までのフォロー

サービスや高額商品のクロージングは、ネット上のコミュニケーションだけでなく、電話や対面によって成約率を上げる工夫が必要となる。

平賀's CHECK　HIRAGA'S CHECK POINT

☑ 無料集客ツールを有効活用する!

ブログを集客ツールとして使うメリットは、何といっても無料であること。利益を出していないPPC広告に頼り切った集客法より、無料のブログを量産し、毎日更新する方が売上を上げる近道である。

☑ 不況知らずのコミュニケーションツール

ブログやSNSなどコミュニケーションが行われる場では、口コミの力によって紹介件数やリピート数が多くなる。コミュニケーションを行うことは、景気に左右されないビジネスを行うことでもあるのだ。

実例
05

具体的な内容のメールマガジンで集客アップ

メールマガジンの読者を取り込んで売上増!

Success! 実例

教育商材販売
某サイト　田中さん（仮名）

教育商材を販売するサイト。DVDやマニュアル化されたテキストを売る。

売上を左右するメルマガの文章テクニック

田中さんは、自身の経験やお客様の成功例を書いたメールマガジン（メルマガ）で教育商材を販売していた。集客はメルマガのほかに、PPC広告やSEO対策を行いながら、月に平均70個以上の受注を受けていた。ところが、メルマガを抽象的な内容に変更したとたん、売上が半減。そこでメルマガにお客様の声を載せるなど、内容を具体的なものに再度変更し、売上を回復させることに成功した。

体験談や成功事例が書かれたメルマガを配信

↓

月に平均70個の受注

> **お客様の心理**
> 体験談が載っていて読みごたえがある。教材も効果がありそうだ。

↓

偉人の名言など、メルマガの内容が抽象的になる

↓

受注数が30個に半減

> **お客様の心理**
> メルマガの内容が抽象的で、商品のメリットもわかりにくい。

↓

お客様の声など、メルマガの内容を具体的なものに変更

↓

月に70個以上の受注に成功

> **お客様の心理**
> メルマガがおもしろくて、最後まで一気に読める。お客様の声がとても参考になった。教材を試してみよう!

購買心理をツク!

メルマガがおもしろいショップにユーザーは集まる!

ユーザーには数多いメルマガが送られてくる。そのような中でも読みやすく、成約率の上がるメルマガの書き方をマスターすれば、確実に集客力をアップさせることができる。

無料のメルマガ配信サイトに登録

↓

定期的にメルマガを発行

ユーザーの興味を引く内容
トレンドなどの最新情報
イベント、キャンペーンのお得情報
お客様の声など

↓

メルマガの読者がサイトへアクセス

↓

集客数アップ

■ 集客数を上げる

サイトの内容に沿ったテーマに登録し、メルマガを配信。そのテーマに興味のある読者をサイトへ誘導することができる。

■ メルマガの宣伝効果

例えばファッションに関するサイトの場合、メルマガでトレンド情報を提供しておく。

■ リピート率を上げる

一度購入したユーザーに向けてのメルマガは、新商品の情報やセール情報などを配信。リピーターを育てる内容を意識する。

平賀's CHECK　HIRAGA'S CHECK POINT

☑ 成約率の上がるメルマガの書き方

読者が読みやすく、成約率が上がるメルマガを書き方のポイントは3つある。

1. Q&Aを使う。よくある質問を取り上げ、それに対してメルマガで答える。
2. 比較をする。以前は○○だったが、この商品を使ったら改善したといった内容を伝える。
3. お客様の声を引用する。お客様の生の声は、ユーザーにとって身近な存在者の体験談であり、信頼できる要素のひとつ。

読者の興味を引く内容を取り入れ、おもしろいと思わせるメルマガを配信し続けていくことが重要である。

実例 06

ネットが普及した今だから ファックスDMが有効

ライバル不在の穴場にピンポイントでアピール!

Success! 実例

ホームページ作成業

「株式会社ソフトプランニング」

http://www.softplanning.com/

ホームページ作成を請け負うサイト。主に法人向けに集客力、売上を上げるホームページを制作、提案している。さまざまな業種、あらゆる分野に精通したweb制作を行う。

ターゲットを絞り、確実なレスポンスを狙う!

ホームページ作成業に転身した玉井さん。早速サイトを立ち上げるが、集客率が上がらない。そこで、導入したのがファックスDM。ターゲットを接骨院と整体院に絞り、資料請求を目的としたファックスDMを送った。また、資料請求のあったお客様には電話でクロージングを行い、ニーズに沿ったホームページを提案することにも力を入れた。その結果、資料請求のあったお客様からは成約率100%を達成した。

接骨、整体院をターゲットに設定

↓

ファックスDMを作成

↓

代行業者から一括送信(200件)

↓

請求依頼のあったお客様に送付

↓

電話でクロージング

↓

6件のお客様と契約成立

お客様の心理

仕事のファックスかと思って見たらDMだった。ちょうど、ホームページには興味もあったし、資料を請求してみよう。

お客様の心理

制作者とホームページのイメージを電話で相談できるから、希望通りのものができそうだ。

購買心理をツク!

着眼率の高いファックスDMでユーザーの想像力を刺激する!

ファックスDMは開封する必要がないので、自然とお客様の目に留まる。そのため、レスポンス率やレスポンスのスピードも高くなる。

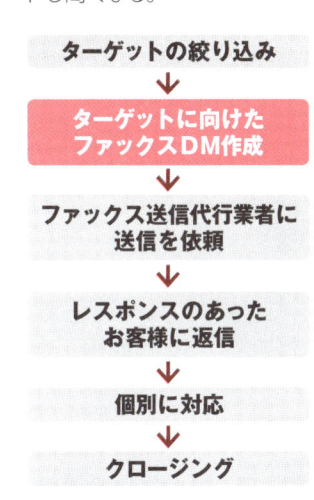

ターゲットの絞り込み

↓

ターゲットに向けたファックスDM作成

↓

ファックス送信代行業者に送信を依頼

↓

レスポンスのあったお客様に返信

↓

個別に対応

↓

クロージング

■ ターゲットを絞る

ターゲットは広範囲に設定せず、ピンポイントに絞って設定することで、レスポンス率を上げられる。

■ 新しい「価値」を提案

DMは憧れの生活、理想の自分を想像してしまうような文面が望ましい。さらに、インパクトのあるキャッチコピーを考えるなど、嫌でも目に留まるファックスDMの特徴を生かした構成にするとよい。

■ 個別対応で成約率アップ

人は自分の名前を呼ばれることによって、自分が認識されていると強く感じる。「○○様のプランは…」など、相手の名前を呼びながら個別に対応することで、お客様との距離を縮めることができる。

平賀's CHECK

HIRAGA'S CHECK POINT

☑ ネットが普及した今だからこそ有効な手段

ネットが普及した現在、ファックスDMが使用される頻度は減少した。言い換えれば、ファックスDMはライバルの少ない、有効なビジネスツールとなる。

☑ 法人相手に効果を出すビジネスツール

ファックスDMは原稿さえできればすぐに送れる、高速性のある方法。さらに、アポイントなしでも会社の経営者や担当者にダイレクトに営業ができ、新規開拓時に効果的なツールといえる。

第1章 まとめ

「スモールワード」でも**エリア名や特定のテーマを設定**することで、アクセス数を増やすことができる

専門用語と「費用」「価格」などの**料金に関するキーワード**を組み合わせた複合キーワードは、購買意欲の高い集客を狙える

複数の**ランキングサイトに登録**して上位を狙い、「人気サイト」に集まるユーザーのアクセスで集客率を高めることができる

無料ブログを量産し、ブログ経由でユーザーを集める。無料ブログは集客費用0円を可能にするツールと言える

既存客には体験談や成功例など、**具体的な内容のメルマガを配信**することで、メルマガの読者をサイトへ促すことができる

ネットが普及した今だからこそ、**アナログなツールが効果を発揮**する。特に、着眼率の高いファックスDMは、見込み客を増やすための有効なツールである

第2章
誘導

本題へと誘導する トップページの作り方

人はトップページを見てサイトのよしあしを判断する。つまり、素通りされるか、また訪問してもらえるかだけでなく、成約に結びつけられるか否かまで、このページにかかっていると言えるのだ。ここでは実例を通して、“素通りされない”トップページの作り方を紹介する。

Introduction 誘導

トップページの構成を工夫して見込み客を逃がさない!

リアル店舗で言うところの「店構え」にあたるトップページ。印象次第で入店してもらえるか、素通りされてしまうかが決まってしまう。“集客率”もさることながら、“成約率”がアップする「店構え」のルールと実践法を探る。

成功するサイトに共通するトップページの構造

成功しているサイト、つまり成約率がぐんぐん上昇しているサイトのトップページを見ると、おもしろいことに気づく。トップページを構成している要素が皆共通しているのだ。共通する項目は、「スタッフの写真」「お客様の声」「商品説明」「電話番号」。これらはすべて、ユーザーにサイトへの信頼感や安心感を与えるために用いられている。ネットビジネスの最終目標である「成約」の確率は、この信頼感や安心感に比例して高まるのだ。

“売れる”サイトの実例(「すこやか中国整体(P58)」)

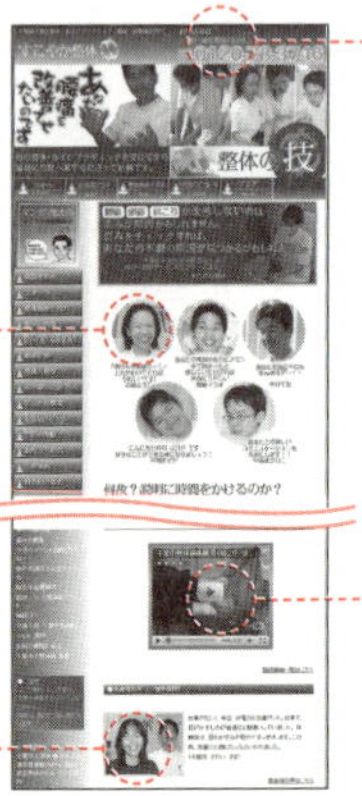

スタッフの写真

写真とプロフィールを掲載するとよい。

電話番号

ユーザーがすぐに問い合わせができるよう、目立つ位置に配置する。

お客様の声

商品やサービスを使用したお客様の感想をサイト上で紹介。

商品説明

写真や文章、時に動画を用いて商品やサービスの概要を説明する。

特色を出し、お客様が離れないサイト作りを

トップページに必要不可欠な要素を並べたところで、必ずしも集客率が劇的に上昇するとは限らない。成約率を上げるためには、ユーザーの信頼感をさらに高めるための工夫を施すことが求められる。例えば「日本中央会計事務所」(P50)は、単に見出しをつけるのではなく“次を読ませる”ために、計算した見出しを掲載し、次から次へと読み進ませる仕掛けとした。「熊本馬刺しドットコム」(P53)は、手持ちのデジカメでプロのような写真を撮影し、商品を魅力的に見せることに成功している。また、「男着物.com」(P56)は、“お客様の声”だけでなく、お客様に対して店長がコーディネートを提案し、着物を購入する前と後のお客様の変化を写真で紹介。さらにお客様の直筆の感想を添えることで、ほかのサイトとの差別化を実現した。このように、お店ならではの工夫をトップページに施し、数あるサイトの中でも埋没しない個性を発揮することが重要なのだ。

ユーザーの信頼感を高めるサイト作りのひと工夫

スタッフの写真	例えば伝統工芸なら職人が働いている様子を掲載することで、商品への信頼感が増す。また、写真だけでなく動画を使用することでさらに効果がアップする。
お客様の声	お客様の感想をワープロ打ちにするのではなく、手書きのアンケート用紙をスキャンしてそのまま掲載したり、実際に商品やサービスを使用している写真を添えることで、ほかのユーザーが自己投影できる。
商品説明	プロのようにきれいでスタイリッシュな写真を使用することで、より魅力的に見える。また、複雑なサービスなどの説明は、動画を利用することで明快になる。事前に詳細がわかれば、消費者は安心して申し込むことができる。
電話番号	商品やサービスの申し込みや問い合わせには電話が欠かせない。ユーザーが思い立った瞬間に電話がかけられるよう、常に見える位置に電話番号を配置しておく。そうすることで、ユーザーに親切なサイトとなる。

実例
07

具体性のある見出しでピンポイントに集客!

少ないアクセス数でも成約率は格段にアップ

Success! 実例

出張整体の専門院
「出張整体バランス工房」
http://yurumin.com/

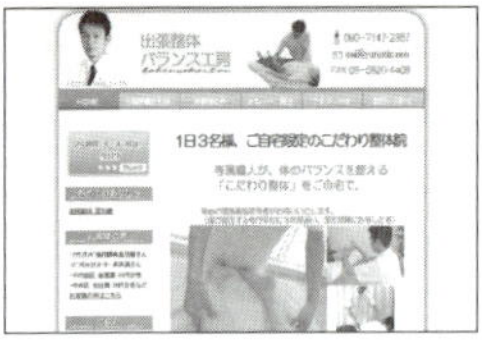

お客様の自宅に出張して施術を行う整体院。国家資格を保有する確かな技術の整体師を揃え、多数の著名人を顧客に持つ。1日3名限定で施術を受けつけている。

業務内容が一目でわかるトップページ

岡林さんは成約率アップのために、サイトの見出しを修正した。“1日3名様、ご自宅限定のこだわり整体”とし、自宅というリラックスできる空間で施術を受けたいという、ユーザーのニーズに入り込んだ。また“多数のお客様の声”“出張整体の流れ”“岡林さんからのメッセージ動画”があることで、「自宅で整体を受けたい、でも少し不安……」と考えるユーザーの心を強くつかみ、成約率が格段にアップした。

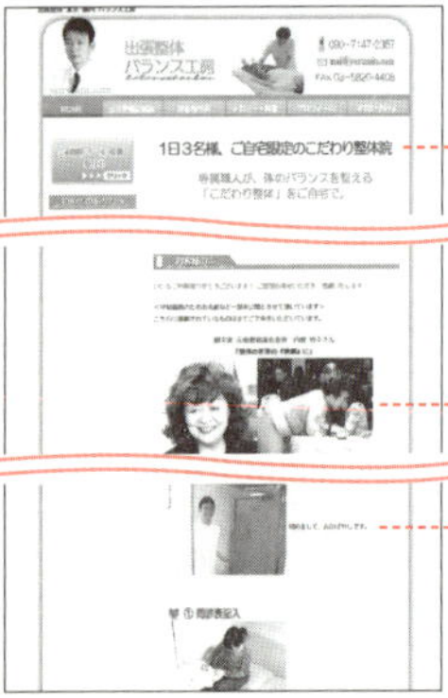

お客様の心理

具体性のある見出しをつけることで、検索ワードでもヒットしやすくなる。

お客様の心理

実感が伴うお客様の声で、サービスのよさに対する説得力が出る。

お客様の心理

複雑な業務フローを写真と文章でわかりやすく説明し、不安を払拭する。

購買心理をツク!

トップページでユーザーのニーズに応え、不安を解消する

“見出し” によってターゲットに設定したユーザーをサイトに誘導する。さらに “業務フロー “と “お客様の声” を紹介することで、成約率がアップする。

「見出し」で成約率を上げるフロー

魅力的な見出し

限定感を出したり、具体的な言葉を使用したりして、検索ワードでヒットするよう工夫する。

↓

ターゲットを絞る

↓

業務フロー ＋ お客様の声

写真を用いて丁寧に紹介することで、「親切な説明」だと思わせる。

顔写真つきで掲載し、ユーザーに「私にも効果がありそう」と思わせる。

↓

安心感を与える

→ **成約率アップ**

平賀's CHECK　HIRAGA'S CHECK POINT

☑的確なマーケティングでユーザーのニーズをつかむ

経営者はきちんとしたマーケティングを行うことで、トップページに載せる項目が自然と導き出せる。お客様が商品情報を欲しがっていれば詳細な情報を、サービス内容に疑問を抱く場合はできるだけわかりやすく丁寧な説明をして、不安を払拭してあげることが必要。

☑ピンポイントな見出しで検索ワードにヒットさせる

例えば“自宅に整体師を呼びたい”と考えている人がサイトで検索する場合、「自宅　整体」などのキーワードを入力することが多い。そのような検索ワードにヒットするような見出しを考えるとよい。

実例 08

売れ筋商品の写真は最も目立つところに配置

一番知りたい情報をダイレクトに伝える

Success! 実例

100%オーガニックベーカリー
「アコルト」
http://www.der-akkord.jp/

自家製天然酵母や天然水などの原材料を100%オーガニックに限定した、マクロビオティックとヴィーガン（完全穀物菜食）のパン専門店。ブログではそのライフスタイルも提案。

トップは目の前にあるような臨場感ある写真

雑誌や書籍の掲載も多い「アコルト」。表参道の実店舗でも、おしゃれでおいしいパンの販売をしている。安い単価をものともせず、年々売上を伸ばしているのには、上手にセット販売をすること（P82）以外にも理由があった。それは、売れ筋の商品をトップページで見せること。数日ごとに売上ランキングを更新し、ユーザーに“他人も買っている”という事実を見せて購入意欲をあおり、売上を伸ばした。

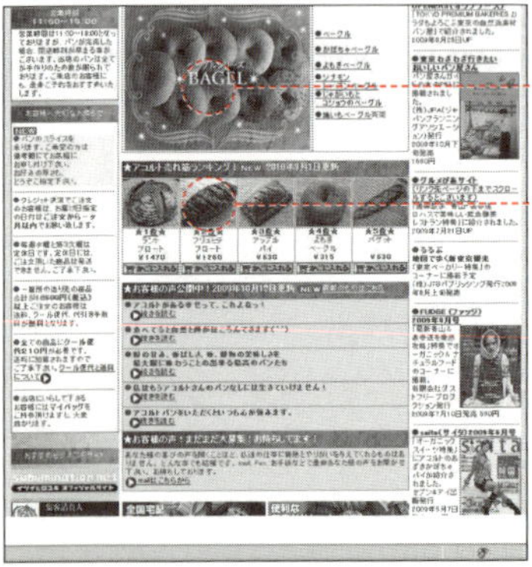

お客様の心理

真上から撮影されたベーグル。写真がかわいらしくて、目に留まる。

お客様の心理

日々更新される“売上ランキング”は購買意欲を刺激する。

購買心理をツク！

“売れ筋”を気にする 消費者の好奇心をくすぐる

消費者は、売れている物を見れば自分も買いたくなるもの。そんな消費者心理をうまく利用するために必要となるのが“売上ランキング”。日々の売上を調査し、リアルタイムにサイトに反映することで、消費者の購買意欲を刺激することができる。

売上調査
↓
売れ筋商品の決定
↓
効果的な撮影
↓
トップページに配置
↓
ランキングも掲載

■ 一押し商品を決めるための調査

ランキングの集計をし、一押し商品を決める。ランキングは消費者を迷わせない道しるべ的な効果がある。

■ 商品をよく見せる撮影方法

食品なら「おいしそう」、サービスなら「信頼」など、取り扱う商品の特徴を最もよく見せる撮り方をする。

■ 一押し商品は目に入るよう配置

売上ランキング1位の商品は、店の看板商品。最もユーザーの目に入りやすい場所に配置する。

■ ランキングは毎日更新する

ランキングを日々更新することで、ユーザーからの信頼感が増す。

平賀's CHECK　HIRAGA'S CHECK POINT

☑ 売れ筋商品で購買意欲をアップ！

“行列が人を呼ぶ”ように、売れている物に人は魅力を感じるもの。サイトでも、まず最初に売れ筋の商品がユーザーの目に入るように配置したい。

☑ ユーザーが最も気にするランキング

ランキングは販売促進にとって、最も重要なコンテンツ。自分が購入したいものがランクインしていればユーザーは安心して意志を固め、購入したいものが確定していなければ、上位の商品から選ばれる。

実例
09

視線の動きを意識して成約率をアップさせる

“F”の動きが成約への近道

Success! 実例

集客コンサルタント

「集客請負人平賀正彦のサイト」

http://www.hiragamasahiko.jp/

インターネットを通した集客と売上アップについてコンサルティングをする。個人、法人向けに、成約率や集客率アップのためのさまざまなノウハウを伝える。

ユーザーの目線は万国共通“Fライン”

2006年、ウェブユーザビリティの第一人者ヤコブ・ニールセンによって「ユーザーの目線はFラインに添って動く」というデータが発表された。これに基づき、制作されたのがこのサイト。“Fライン”の目線を意識したトップページに作られている。見出し、メルマガの登録欄、写真をこのライン上に配置することで、確実に売上を上げている。

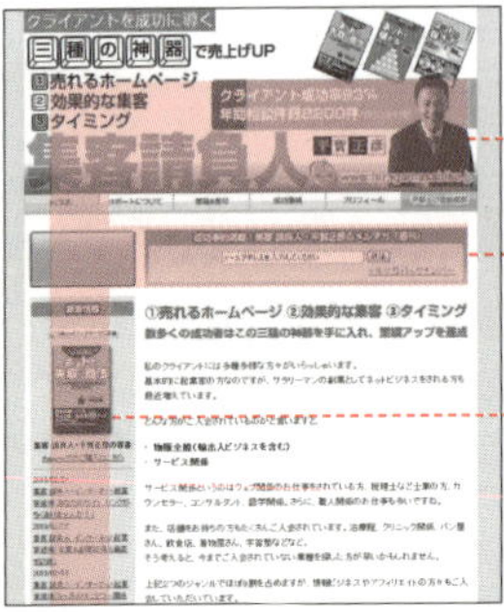

お客様の心理

「クライアント成功率93%、年間相談件数8200件」という具体的な見出しでユーザーの心をつかむ。

お客様の心理

一番上にメルマガの登録欄を設けることでユーザーをスムーズに導く。

お客様の心理

自分の著書を紹介し、コンサルとしての技量を裏づける。

購買心理をツク!

「F」上に重要項目を配置してユーザーの視線を集める

目を引くからといって、「F」上に何でも配置してよいというわけではない。適した項目を効果的に配置することで、成果を上げることができる。

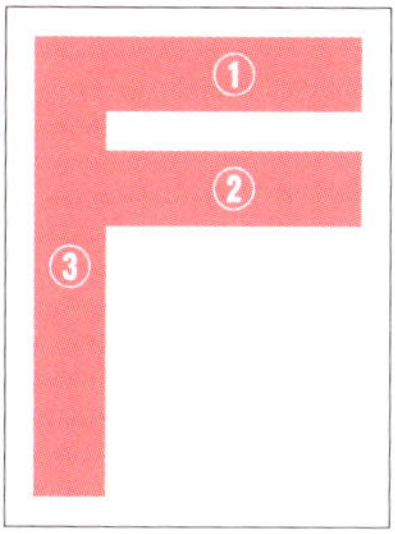

①最も訴えたい見出し

サイト名、見出し、フェアの案内など

「4/30まで送料無料キャンペーン」など具体的で、検索にヒットしやすく、ユーザーの要望にぴったりマッチするような見出しをつける。

②要望をすぐに叶える項目

売れ筋商品、お客様の声など

「売れ筋商品」や「お客様の声」など、ユーザーが知りたいことや不安に思う項目を配置することで早い段階でのフォローができる。

③写真など、目を引く項目

著書、プロフィール、写真など

扱う商品がサービスなら著書や責任者の顔写真、物なら商品の細部など、ユーザーの目を引く写真を配置する。

平賀's CHECK

HIRAGA'S CHECK POINT

☑ユーザーの視線は“F”に沿って動く!

ユーザーの視線の動きを意識して、トップページの“F”のライン上には、見出しや写真など効果的な項目を配置する。なお、ユーザーを引きつけるには、ターゲットを絞っておくことが大切。

☑適した場所に適した項目を配置する

せっかくよい項目を作っても、ユーザーの目に触れなければ意味がない。“適材適所”はサイト作りでも同様、適した場所に適した項目が配置されていなければ効果は激減してしまう。

実例
10

“次の文章を読ませる”見出しやコピー

名コピーは成約率アップにつながる

Success! 実例

税理士事務所
「日本中央会計事務所」
http://www.77setsuzei.com/

日本中央会計事務所代表の税理士・見田村元宣氏による節税マニュアル『絶対節税の裏技77』を販売するサイト。お客様の声を多数掲載し、月商500万円を超えたこともある。

「自分のこと」と思わせるコピーで次につなぐ

見田村さんはサイトを開設するにあたり、秀逸な見出しを考えた。「絶対節税の裏技77」の「裏技」という言葉や「77」という具体的な数字など、反応が上がる言葉を意識的に入れた。そして、サブタイトルを「この話は、信じられないかもしれませんが、私が税理士になる前の税理士事務所で起こった節税の実体験です」として、次の項目である実体験の文章へつなげた。ユーザーにサイトの内容を読み込ませることで成約率を上げ、月商500万円を超えたこともある。

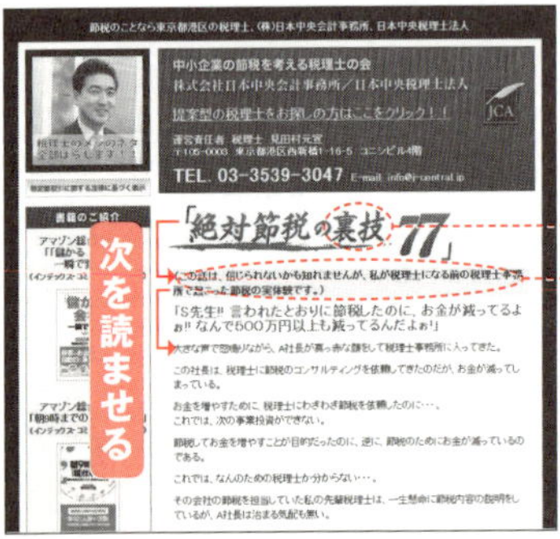

お客様の心理

「裏技」という言葉で購買意欲をあおられる。

お客様の心理

「…信じられないかもしれませんが（中略）節税の実体験です」という見出しにより、次の文章を読みたくなる。

購買心理をツク!

ユーザーの反応によって最も“ハマる”見出しを探る

どんな見出しが効果的かは、運営をしながらでないとわからない。定期的に変更し、反応がよいものを採用しよう。反応を取りやすいキーワードの具体例を紹介する。

裏技

ストレートに「○○術」とすることもできるが、「裏技」とつけることで、消費者は何か秘められたテクニックが存在するのではないかと期待を寄せる。

厳密な数字

人は、「100の成功術」という数字を挙げられているよりも、「裏技77」など厳密な数字が入っている方が信憑性を感じる。

業界内部の事情

消費者が知りえない業界内部の事情や悪しき風習などを、あえて公開することにより、信頼感や好感度をアップさせる。

～だけに教えます

消費者は、稀少な情報に価値を見出すもの。メルマガなどでの「お客様だけにお知らせします」などの一言は、ぐっと引きつける。

私も使っています

著名人や、店のスタッフなどが「私も使っています」と謳うことで、商品の信頼性に“信憑性”が加わり、成約数アップにつながる。

○○と何が違うのか？

他社の類似商品などとの違いを明確にすることにより、付加価値、金額が高い理由、安くできる理由などを伝え、不安、疑問を解消する。

平賀's CHECK

HIRAGA'S CHECK POINT

☑ サブの見出しも工夫する

見出しはメインからサブ、サブから次の文章へ、次々に誘導する。サブの見出しも工夫して、ユーザーを自分のサイトに引きつけることが大切。

☑ 見出しの大きさを変える

長年、見出しの文言は成約率に大きく影響するとされてきたが、最近はどのサイトも工夫がみられ、それだけでは成約率が上がらなくなった。次なる工夫は文字のサイズ。大きさを2倍にしただけで成約率がアップしたという事例もある。

実例 11

おしゃれな写真は売上をアップする!

手持ちのデジカメでもプロ並の写真が撮れる

Success! 実例

馬刺しの販売

「熊本馬刺しドットコム」

http://kumamoto-basasi.com/

熊本から馬刺しを卸価格で通信販売するサイト。「しずる感」のある写真を掲載したところ、変更前と比較して3倍の売上が上がり、リピート率も88%と順調。

センスのよいスタイリングで印象を一変する!

物販サイトにおいて写真は命。倉崎さんは、とても素人が撮影したとは思えないような上手な写真をサイトに掲載することで、順調に売上を伸ばしている。倉崎さんが使用しているのは、なんと家庭用のデジカメ。背景を白にする、斜めからの角度で撮る、小物を配置するなどの工夫で、手持ちのデジカメでも見違えるような写真を掲載している。

臨場感ある状況を演出

単に馬肉を並べて見せるのではなく、箸で持ってタレにつけて、今にもユーザーが口に入れたくなるようなアングルで撮影する。

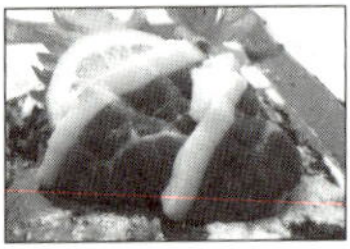

小物でスタイリング

馬肉だけでなく、おしゃれな皿に並べたり、花を載せるなど、見ていて「おしゃれ」と思わせるような小物を配置する。

商品を斜めに配置

商品を正面から撮影すると、カタログ的で野暮ったい印象に。商品によっては写真からはみ出すように撮影してもよい。

購買心理をツク！

スタイリングでユーザーの想像をかき立てる

商品の魅力を伝えるには写真が最も有効だ。機材が揃っていなくても、上手な写真を撮れるテクニックがある。

撮影のポイント

背景は白

背景を整えるだけで写真の質は一気に向上する。きれいなポスターの裏など大きめの紙や、アイロンをかけた布で背景を作るとよい。

スタイリングをする

商品だけでは冷たい印象の写真に。商品を引き立てるような小物を置くとよい。オークションや雑誌、ポスターなどの写真を研究しよう。

角度をつける

真上、真横から撮った写真では、商品の魅力は激減する。斜めから、最も商品の魅力を引き出せるアングルを見つけ出そう。

トリミングを考える

商品すべてが写真に収まっていなくてもよい。例えば細部の情報が必要な商品ならば、その部分をクローズアップして、端がフレームアウトしてしまってもよい。

機材のポイント

家庭用のデジカメでOK

カメラは家庭用のデジカメで充分。露出補正とホワイトバランスの機能だけは抑えておこう。

ホワイトバランスで調整

基本的にはオートで撮影すればよい。どうしても実物と違う色で違和感を感じる場合は、ホワイトバランスで調整をする。

露出補正で商品を明るく

照明が不十分で暗く感じる場合、露出補正の数値を上げれば、明るい写真が撮れる。

レフ板を使う

暗いからといってむやみに照明を使わない。露出補正をするか、段ボールにアルミ箔を巻いてレフ板を作って商品に光を当てるとよいだろう。

平賀's CHECK　HIRAGA'S CHECK POINT

☑ **機材は家庭用のもので十分**

いつも使用している家庭用のデジカメで十分きれいな写真が撮れる。特別な照明も必要はない。基本的な露出補正とホワイトバランスの機能を理解しておこう。

実例
12

スタッフの顔を見せて信頼度を上げる

“作り手”の顔が見える安心感

Success! 実例

仏壇、仏具の製造・洗濯・修復

「井上仏壇店」

http://www.inouebutudan.com/

伝統産業である仏壇の製造・販売だけでなく、洗浄や修理なども行うお店。原材料や仕上げ方など仏壇に関する細かな説明を掲載し、お客様の信頼を得ている。

職人の働く姿を掲載して成約率アップ!

「スタッフの顔写真を掲載すると反応が上がる」という定説がある。最近では、多くのサイトで見られるようになったが、これにさらに工夫を加えた例がある。実践したのは仏壇店を営む井上さん。井上さんは、店主である自分の顔ではなく“職人が働く姿”の写真をトップに、さらにその横に「職歴39年」という文字を添えた。これがユーザーの信頼度を上げることとなり、申し込み数を増やすことができた。

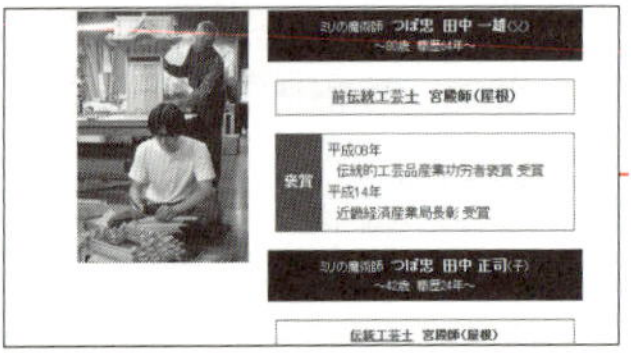

お客様の心理

トップページをはじめ、サイト内に職人の働く姿が紹介されている。職歴も添えられていて、信頼できる。

購買心理をツク!

スタッフや職人の顔はユーザーの信頼感アップ

スーパーで売られている野菜にも、農家の顔写真と名前が添えられている現代。それだけ生産者の情報は、消費者に信頼を与えるのだ。井上さんは職人の顔写真で成功したが、取り扱う商品によって“載せるべき顔”は異なる。

スタッフの顔

サービス内容がわかりづらく、商品のやりとりをしない、“コンサルタント”や“出張サロン”などにおすすめ。スタッフや運営者の顔を見せることで、ユーザーに安心感を与える。

職人の顔

焼き物や彫り物、実例の井上仏壇店のように、伝統工芸品などを扱う場合は、職人の顔を掲載するのがよい。職人歴も併せて紹介すれば、取扱商品の付加価値も増す。

顧客の顔

食品や化粧品など、消費者が食べたり、使用したりするものは、それを使用して満足している人の顔を掲載するのが一番。ユーザーの共感を得やすく、「自分も試してみたい」と思わせる。

平賀's CHECK　HIRAGA'S CHECK POINT

☑スタッフの顔は信頼度を上げる

対面販売でない以上、ネットを通してのビジネスでつきまとうのは信用問題。それを払拭する方法が「スタッフの顔を見せる」こと。とっておきの笑顔や懸命に働く仕事中の様子を撮影し、掲載するとよい。

☑最も反応が高い写真は「仕事中」の写真

スタッフがにっこり笑っているだけの写真もよいが、最も効果的なのは仕事中の写真。サービスの内容や商品が生産される過程など、ありきたりのサイトでは伝わりにくい部分を見せると信頼感はアップする。

実例 13

お客様を載せて集客率アップ!

ニッチな市場で差をつける!

Success! 実例

男性用着物の専門店

「男着物 .com」

http://kimonosugata.info/otokokimono/

老舗着物専門店「たちばなや」のネットショップ。男性物に特化し、店主の橘川さんがお客様の雰囲気と予算に見合った着物を提案することで好評を得ている。

コーディネートを提案して付加価値をつける

「男着物.com」のコンセプトで特に優れている点は2つある。“男性用”に特化している点と、店主がおすすめのコーディネートを提案するという点である。これが好評を得て、ニッチな市場ながら着実に集客率を伸ばしている。見せ方は、“購入前”と“購入後”のお客様の写真を掲載。写真の横には直筆の“お客様の声”も添えられ、外国人も含めてさまざまな国の言葉で橘川さんへの感謝の気持ちが綴られている。

お客様の心理

オーダーメイドの商品は電話で直接問い合わせをしたくなるもの。電話番号は目立っているとありがたい。

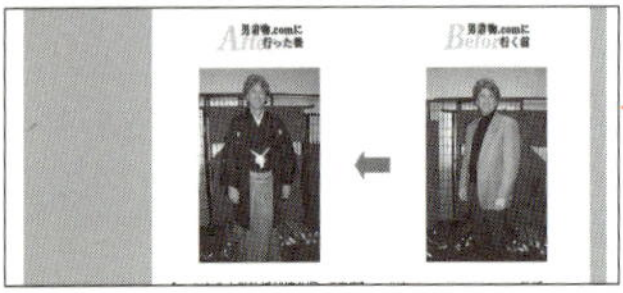

お客様の心理

着物を着ているお客様の写真を掲載。橘川さんのコーディネートが魅力的で、思わず自分も注文したくなる。

購買心理をツク！

お客様の写真と直筆の「声」でネットビジネスへの不安を取り払う

ネットで物を売買するのは少し不安、と考える消費者は今だに多い。ネットビジネスへの信用度を高め、売上を伸ばす方法として、直筆で書かれた“お客様の声”を掲載するなどの方法がある。

売上アップに欠かせない３要素

直筆のお客様の声

パソコンで書かれた文字よりも、直筆で書かれたお客様の感想をそのままスキャンして掲載するとよい。

電話番号の配置を工夫

商品について問い合わせたり、注文したりする場合に必ず必要となる電話番号。常に見える位置に配置する。

オリジナルのアイデア

オリジナルのコーディネートなど、お客様にとっての＋αの要素があるとよい。「ネット購入の特典」をつけることもひとつの方法。

↓

信頼感アップ（直筆のお客様の声・電話番号の配置を工夫）

付加価値アップ（オリジナルのアイデア）

↓

売上アップ

平賀's CHECK

HIRAGA'S CHECK POINT

☑ 購入者の写真を掲載して購買意欲をあおる

食品なら食事をしているところ、衣服ならお客様の着用時の写真など、お客様が商品を使用している写真を掲載。実例のように、“店主のコーディネート”などの付加価値をつけると、いっそう効果的。

☑ 電話番号はわかりやすい場所に

特にオーダーメイドの場合、注文はほとんど電話を通して受けることになる。電話番号はヘッダーやトップページなど、視界に入りやすい位置に掲載する。

実例
14

スタッフを紹介してお客様を安心させる

プロフィールの公開で安心感を与える!

Success! 実例

町の整体院
「すこやか中国整体」
http://www.genki-s.com

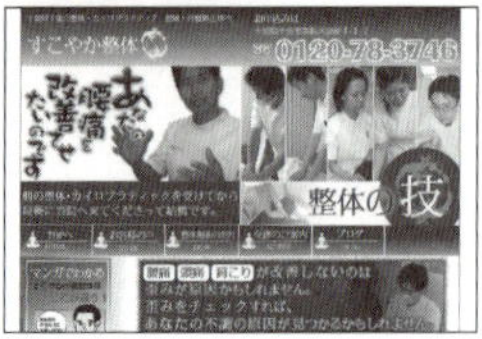

人間の身体の歪みを直し、生活習慣まで改善することを第一の目標とする整体院。施術だけでなく、日常生活においての改善策を提案しつつ、身体の不調を改善する。

「誰に施術されるかわからない」不安を払拭

菊地さんのサイトは、次の点を意識してサイト改革を行い、着実に集客を増やした。①ターゲットを女性に定め、トップに「がんばる子育てお母さんを応援します」という言葉を掲載。②メニューボタンを減らし、電話番号を右端に大きく表示。③施術例を写真で説明。何より効果が大きい点は④スタッフの写真を掲載すること。「どんな人に施術されるのか」という不安を持つ多くのお客様の不安を一気に払拭でき、それまで20名がやっとだったネットからの新規客が、1か月で50名以上に増加した。

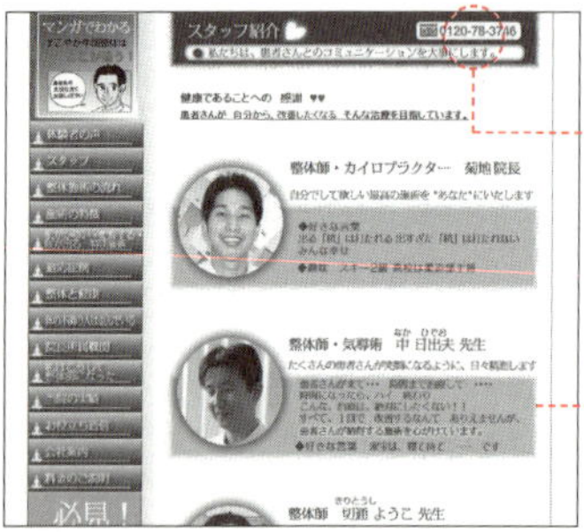

お客様の心理
どのページにも電話番号が載っていて、すぐに電話をかけられる。

お客様の心理
スタッフの写真と簡単なプロフィールを見られる。これだけで安心感が増す。

購買心理をツク！

スタッフの写真とメッセージはユーザーに安心感を与える

整体院やサロンなど、お客様の身体に直接触れるサービスを行う業種は、お客様に安心感を与えることが最も大切。スタッフの写真を目立つように掲載するのは、最も有効な手段と言える。それだけでなく、商品の詳細を写真を使用して丁寧に説明する。また、さらなる情報を求めるユーザーが、店舗にすぐに電話をかけることができるよう、電話番号を目立つように配置する。

ユーザーの安心感を増やす要素

スタッフ紹介

写真だけでなく、動画も有効。簡単な経歴なども併せて掲載すると効果アップ。

商品例

商品の使用方法や、施術の流れなど、扱う商品の詳細を写真と文章で説明する。初めてでも抵抗なくすんなり予約ができる。

電話番号

ユーザーがすぐに予約や問い合わせができるよう、電話番号は目立つ場所に大きく配置する。

↓

ユーザーの安心感アップ

平賀's CHECK　HIRAGA'S CHECK POINT

☑スタッフの写真を掲載する

店長や運営者の写真を掲載しているサイトは多々あるが、スタッフ全員の写真を載せるとより効果的である。例えば整体院など、どんな人が自分の施術を行うのか、事前にわかれば安心して訪れることができる。写真以外にも、最近では動画のアップも手軽にできるようになった。動画でスタッフからの簡単なメッセージを配信するのもおすすめだ（動画の入れ方は、P61参照）。

実例
15

スタッフの動画を載せて親近感を抱かせる

動画は消費者とスタッフの距離を縮める

Success! 実例

庭づくり専門店
「グリーンフィールド」
http://www.greenfields-729.com/

堀や門から表札、ポストまで暮らしに溶け込む庭造りを提案する店。家族構成や用途に合わせてお客様と綿密な相談をし、長く楽しめる庭造りをモットーとしている。

動画でスタッフ、商品紹介をして反応率アップ

村岡さんは当初スタッフの写真とコメントを掲載し、ある程度の反応率を得ていたが、その後伸び悩んでいた。そこで動画を導入。動画には、スタッフからのメッセージを収録した。すると問い合わせで電話をしたお客様が「動画の○○さんの声だ!」と気づき、親近感を覚えるというわけだ。「動画は難しい……」と思われがちだが、最近はYouTubeなどの動画サイトを利用することで、設置も簡単になっている。こうしてグリーンフィールドの反応率は再び右肩上がりになった。

お客様の心理

動画を見ることで、スタッフの声がわかるようになり、親近感がわく。

お客様の心理

動画サイトを利用すればお店のサイト以外からも動画を見ることができる。

購買心理をツク！

目的に合わせた動画更新で アクセス・反応率アップ

動画をアップすることで反応率は上がるが、だからといって、放置していてはダメ。定期的に更新し、ユーザーを飽きさせないような工夫が必要だ。

内容

・スタッフ紹介
・サービス案内
・商品説明
・仕事風景　など

動画の長さは3～5分がベスト！

頻繁に更新 → **アクセス数アップ！** → **成約率アップ**

一定期間同じ動画 → **反応率アップ！** → **成約率アップ**

平賀's CHECK　HIRAGA'S CHECK POINT

☑ 動画を使用して、より親切な説明に

動画を使用することで、消費者に対してより親切な説明をすることができる。商品説明をする場合にはうってつけなツールだ。さらにスタッフを紹介する際にも便利。

☑ 目的に合わせて更新頻度を変える

動画は一度アップしたからといって、そのままにしておいては効果はやがてなくなる。アクセス数の向上を図りたいときは頻繁に更新し、反応率を上げたいときは、一定期間同じ動画を配置しておくとよい。

第2章 まとめ

トップページの見出しや画像の入れ方を工夫することでユーザーのニーズに応え、**サイトへの不安を解消する**

“売れ筋商品”はトップページの中でも目立つところに配置し、**消費者の好奇心**をくすぐる

「Fライン」上に重要項目を配置し、ユーザーの視線の動きに沿ってサイトをアピールする

ユーザーの反応によって**最も“ハマる”見出し**を探る。見出しはこまめに変更してみて、反応がよいものを採用するようにする

撮影時に**スタイリングを工夫**し、ユーザーの**想像をかき立てる**写真を使う

生産者や職人の顔を公開することで、ユーザーの**信頼感をアップ**させる

お客様の写真と直筆の「声」で見込み客が抱く**ネットビジネスへの不安を取り除く**

動画によるスタッフの写真とメッセージはユーザーに**安心感を与える**

目的に合わせた**更新でアクセス・反応率をアップ**させる

第3章
差別化

ライバルサイトとの差別化を図る

情報が溢れるネットビジネスで成功するためには、無数に存在するライバルサイトとの差別化がポイントとなる。ここでは、差別化に必要な要素であるターゲットと商品の選定や、自社サイトをアピールする方法を紹介する。さまざまな成功者の実例から、ユーザーに選ばれるサイトの条件を探っていこう。

客層、商品の絞り込みとマーケティングで差別化を図る

ネットビジネスの世界では、同じような商品やサービスを扱っているサイトが星の数ほどある。しかも、立地で住み分けできる店舗販売と違い、常にライバルが多い激戦区である。つまり、差別化なくして、成功はないと言っても過言ではない。

ターゲットと商品を絞った差別化

ネットビジネスで成功したいと思うなら、無数にあるサイトの中においてもユーザーの目を引くような、自社サイトの特性を打ち出さなければならない。その上でポイントとなるのは、次の2つ。1つ目は、ターゲットを徹底的に絞り込むこと。大きな市場より小さな市場、つまりマニアックなユーザーへアプローチすることで、勝率を高めるという戦法だ。

2つ目は、これらのユーザーが望む商品の選定。専門性のある商品やサイトのオリジナル商品を打ち出すことで、ライバルサイトにはない価値を生み出し、ユーザーの購買意欲を高めることができる。

差別化の方法とその効果

ターゲットを絞る

↓

- マーケティングがしやすい
- コアな世界のため購買率が高い
- ライバルが少ない

商品を絞る

↓

- 専門性が高まり、コアな需要が集まる
- オリジナル性を出しやすい
- 管理がしやすいため、質を向上できる

↓

自社サイトの特性、メリットをユーザーにアピール

マーケティングの工夫で差別化する

ネットビジネスの世界はすぐに類似品が登場し、あっという間にライバルが増える傾向がある。そのため、スタートはよくても徐々に売上が落ちてしまうことが少なくない。

イタチごっこ的にライバルに追随される、それを振り切るためには、マーケティングの方法を工夫していかなければならない。その例として、ツーステップマーケティング、価格戦略、メッセージのパーソナライズ化、リアルとの融合などがあげられる。ライバルサイトと差別化を図り、利益を上げるためには、日頃からマーケティングのセンスを磨き、自社サイトの魅力をアピールする発想力が必要なのである。

マーケティングで差別化を図る方法の例

ライバル増で売上が伸びない……

↓

ライバルサイトとの差別化

価格戦略 値下げ、値上げ、期間限定価格など	**リアルとの融合** ファックス、電話、DMなどの併用	**ツーステップマーケティング** 資料・試供品送付、お試し価格など	**信頼関係の構築** SSLサーバを用いた個人情報の保護など
メールマガジン 定期的にサイトの情報を発信する	**アフターケアの充実** 購入後のサポートなど	**付加価値をつける** オリジナル性、限定商品など	**会員制** より深い情報提供、会員同士の情報共有、特典など

↓

集客力アップ

↓

売上アップ

実例 16

特定の客層に向けた商品展開で需要を集中

専門性のある商品が成功のカギ

Success! 実例

洗車キット販売

「洗車達人 PRO.com」

http://www.senshiya110.com/

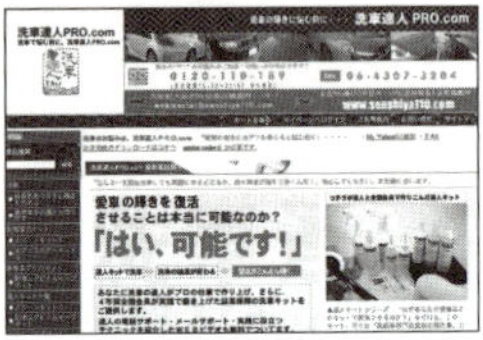

高級車専用の洗車キットを販売するサイト。洗車のプロが使用するオリジナルキットを扱い、電話サポート、メール配信などを充実させた顧客満足度の高いサービスを行う。

充実したサービスで固定客増!

洗車業を営んでいる平山さんは新たな業務展開として、プロの業者が使用しているグッズで、高級車向けの洗車キットを販売するサイトを立ち上げた。ホームページは車好きの心をくすぐる高級車のビジュアルをメインに作成。マーケティングは検索エンジンと口コミを主流に行い、購入後のアフターサービスにも力を入れた。結果、一日のアクセス数が2,000件を超え、売上は数百万円にのぼるまでになった。

高級車専用の商品に限定

↓

磨き上げられた車の写真をトップに検索エンジン対策

↓

富裕層からの注文

↓

電話サポート体制
購入者へメルマガ配信

↓

売上&リピート率アップ

お客様の心理

大の車好き。愛車のためなら、いくらでも費用をかけてしまう。高くてもよいものを使いたい。

お客様の心理

美しく磨かれた車体を見て、自分も試してみたいと思う。

購買心理をツク!

趣味の世界へのアプローチは ビジュアルと専門性を強調する

車やファッションといった趣味の世界へのアプローチは、他店にはない専門性のある商品の魅力を打ち出すことで、商品価値、購買意欲を高めることができる。

商品の絞り込み
↓
ターゲットの設定
↓
ターゲットに合わせたホームページ作成
↓
購入者サポート アフターケアの充実
↓
リピート率アップ

■ 商品の選定

品揃えを幅広くせず、ほかの店にはない商品に絞って販売することで他店との差別化ができ、商品価値を与えることができる。

■ ターゲット設定

ターゲットを明確にし、ホームページのデザインなどを特定の買い手に合わせたものにすることで、効果的なアプローチをすることができる。

■ 口コミの力

口コミは情報を求める消費者にとって影響力が高く、購買への道筋を作ることにつながる。

平賀's CHECK

HIRAGA's CHECK POINT

☑ 起業時におさえたい、富裕層向けビジネス

富裕層に向けた商品、サービスは単価が高く、利益を得やすい。また、流行は富裕層から一般の人へと流れる傾向があるため、富裕層に受け入れられれば、長期間のビジネスとして確立することができる。

☑ サポートを充実させて口コミを生む

サポート体制が万全なサイトは、消費者が安心して購入することができる。するとリピート率が高くなるだけでなく、口コミで商品が広がる。特に趣味の世界のものは口コミが発生しやすく、口コミの力で売上アップも望める。

実例 17

ツーステップマーケティングで見込み客を作る！

ネットで販売しにくい商品を売るための手法

Success! 実例

学資保険販売代理業
「株式会社 京応保険設計」
http://gakushihokenhomepage.jp/

学資保険をプランニングし、販売するサイト。お客様の声を一番上に載せたインパクトのあるトップページと、資料請求のしやすさが特徴。京都本社、東京支社がある。

契約までのプロセス変更で反応率が倍増

当初は、サイト上で見積もり請求をしてきたお客様に、電話でヒアリングをして見積もりを送付するという流れだった。しかし、成約率が思うように上がらなかったためプロセスを変更。まずは資料請求をしてもらい、その後保険のサンプルプランとガイドブックを送付して、電話でフォローをしながら見積もり依頼を募るという、ツーステップマーケティングに変えた。これにより成約率が大きく上がった。

見積もり請求
↓
電話ヒアリング
↓
見積もり送付
↓
電話フォロー

成約率が上がりにくく、広告費やランニングコストに合わない。

➡

資料請求
↓
サンプルプラン&ガイドブック送付
↓
電話フォロー
↓
見積もり送付
↓
電話フォロー&クロージング

作業負担は増えたが、お客様の反応率倍増。成約率もアップ。

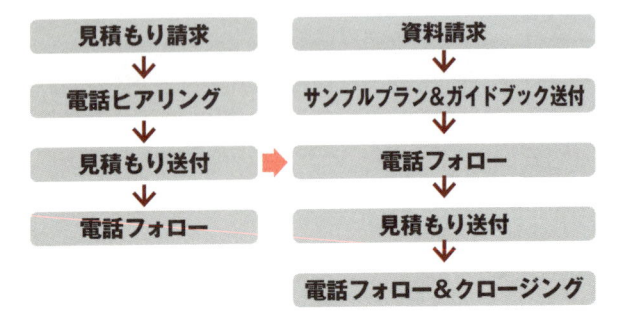

購買心理をツク!

購入のきっかけを作る ツーステップのアプローチ

問い合わせを待つ、DMを送るというワンステップではなく、まずサービスを提供し、販売への入口を作るのがツーステップマーケティング。手間は増えるが、成約率は確実に上がる。

ツーステップマーケティングの流れ

入口（ツール）
売りたい商品に合ったサービスを提供。見込み客を増やす。
ex. 無料サンプル、ガイドブック、お試し価格など

↓

アプローチ（セールス）
入口（ツール）から出口（商品）へつなげるためのアプローチをする。
ex. 電話、メール、FAX、DMなど

↓

出口（商品）
アプローチからクロージング。商品の受注完了。

■ ツーステップのメリット
無料で試せるプランなど、魅力あるサービスで買い手をつかむ。これにより、効率よく新規客の開拓を進められる。

■ 費用対効果をチェック
サービスの費用対効果は厳密にチェック。トータルで赤字になっては本末転倒。

平賀's CHECK　HIRAGA's CHECK POINT

☑ 検索連動型広告にはツーステップが有効

Yahoo!やGoogleなどの検索連動型広告に費用をかけてマーケティングを行う場合、ツーステップマーケティングが欠かせない。ネットはあくまで入り口であり、その後のアプローチと組み合わせることで成約率を上げることができるのだ。

☑ 業績アップの秘訣はデータ分析

データを細かく計測して分析することが業績アップの秘訣。PPC広告費に対する資料請求の率、資料を送った後の成約率など、データを日々計測しながらビジネスを進めていくことが重要。

実例 18

価格の調整で利益をアップさせる

ライバルサイトに差をつける価格戦略必勝法

Success! 実例

情報販売

「情報起業でがっつり稼ぐ会」

http://www.1tuiteru.com/

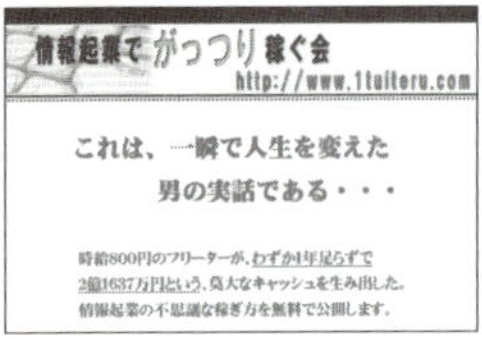

自分で行える浮気調査マニュアルや恋愛のノウハウなどの情報販売を行う。現在は主に情報起業のノウハウをメイン商材とし、成功する情報起業についての講座も開催している。

価格を上げ、その差額で利益をアップする

菅野さんは元探偵の経験を活かし「浮気調査マニュアル」の情報販売を始めた。単価9800円で月30万円を売上げていたが、広告費が月25万円かかるため、利益は希薄。広告費削減と共に価格を見直し、単価を29800円にした。メルマガで価格改定の理由と期日を告知すると、改定直前は駆け込み需要がアップ。改定後も受注数はさほど落ちず、返品もほとんどなかった。結果、5か月後には月収150万円を達成した。

価格改定をメルマガで告知

↓

値上がり前の受注数アップ

↓

価格を上げる

↓

改定後も受注数はほとんど落ちず、返品率も低く保てた

↓

売上が大幅にアップ

お客様の心理

買おうか悩んでいたけど、価格が上がるなら今のうちに買ってしまおう。

お客様の心理

商品のクオリティに満足。価格改定前に買ってよかった。値上がりしても、この内容なら納得できる。

購買心理をツク!

複数のサイトで比較検討するユーザーに買い時をアピール

多くのネットユーザーは複数のサイトをブックマークし、商品を比較、検討している。つまりネットの世界には潜在的な顧客が多い。ユーザーに「今が買い時」と思わせる情報を提供することで、購買意欲を促進させるのが価格戦略なのである。

価格を調整するときの鉄則

ライバルサイトの調査

ライバルの価格を調査し、平均値よりも上に設定する。

クオリティの確認

価格アップに見合うクオリティであるかを確認する。

告知で駆け込み需要を増やす

価格を改定する1週間前にはメルマガで最低3回は告知をする。

差額で利益アップ

売上が大幅に落ちなければ、差額がそのまま利益につながる。

■「限定」で誘う

人は「限定」に弱い。数量や価格、販売期間を調整することで、その希少性につられ、「今買わなければ手に入りにくくなる」という心理から購買意欲を高めることができる。

■ 価格のマジック

単価の安いものはセット販売にする、サービス系の価格アップは、内容がわかりやすいようにまとめたプランを提案するなどの方法も利益アップに有効な方法である。

平賀's CHECK　HIRAGA's CHECK POINT

☑ 値上げしても受注数を維持するコツ

一度決めた価格から値上げしにくい、受注数が落ちるのではないかと考える人も多いが、商品に価格相応のクオリティが備わっていれば受注数を維持することは可能である。

☑ ニッチな市場は成功率が高い

ニッチな市場は成功率が高い。菅野さんの場合、探偵業界という市場の中でも浮気調査に的を絞ったことが成功のカギとなった。商品や価格に特色を出し、コアな層を狙うことが成功の秘訣である。

実例
19

パーソナライズ化したメルマガで売上増!

多くのメルマガに埋もれないアピール法

Success! 実例

美容アイテム販売

「ひらめき工場・キレイの秘密のページ」

http://hiramekikojo.com/kirei/

アンチエイジングのオリジナル美容アイテムを販売するサイト。スキンケア、ボディケア商品やフィットネスアイテムなど、女性の美容・健康関連のグッズが幅広く揃う。

問合せメールの質問に答えて成約率を上げる

ひらめき工場の管理者、滝口さんは注文フォームにアンケート欄を設け、商品を購入したお客様にアンケートを実施。返信メールは、お客様の記述を部分的に変更して、その人のために書いたようなメールを作成。その方法をマニュアル化し、外注スタッフを利用して素早い返信ができるようにした。この手法が功を奏し、アンケート結果に対応するメルマガでもレスポンス率がアップ。商品の売上も数倍になった。

購入したお客様にアンケート記入を依頼

購入理由を書く欄を設ける

↓

お客様の文章を引用してメールを返信

返信メール作成法をマニュアル化して作業を外注

↓

メルマガのレスポンス率アップ

↓

売上が数倍アップ

お客様の心理

「私のために書いてくれたメールがくるなんて好印象！ アンケートに応えよう」という気持ちを引き出す。

お客様の心理

私の肌の悩みをよくわかってくれている。親身になって相談にのってくれそう。

購買心理をツク！

「特別扱い」してくれる店には何度でもアクセスしたくなる

問合せフォームから送られてくる質問に一件ずつ答え、メッセージをパーソナライズ化して対応すると、成約率が極めて高くなる。返事は早ければ早いほど、お客様の反応はよくなる。

パーソナライズ化を可能にするフォーム作りとプロセス

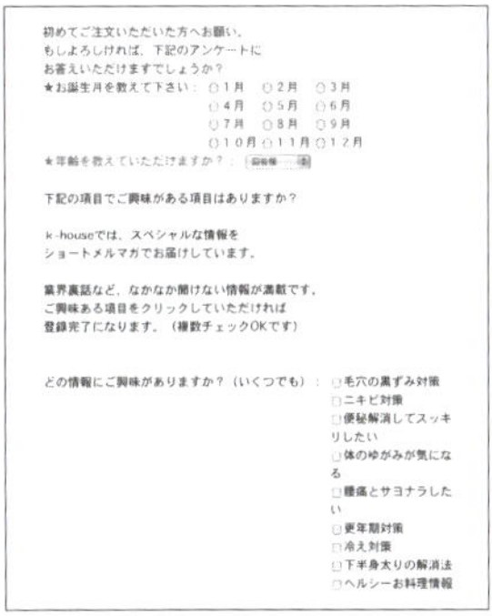
初めてご注文いただいた方へお願い。
もしよろしければ、下記のアンケートに
お答えいただけますでしょうか？
★お誕生月を教えて下さい：○1月　○2月　○3月　○4月　○5月　○6月　○7月　○8月　○9月　○10月　○11月　○12月
★年齢を教えていただけますか？：

下記の項目でご興味がある項目はありますか？

k-houseでは、スペシャルな情報を
ショートメルマガでお届けしています。

業界裏話など、なかなか聞けない情報が満載です。
ご興味ある項目をクリックしていただければ
登録完了になります。（複数チェックOKです）

どの情報にご興味がありますか？（いくつでも）：
□毛穴の黒ずみ対策
□ニキビ対策
□便秘解消してスッキリしたい
□体のゆがみが気になる
□腰痛とサヨナラしたい
□更年期対策
□冷え対策
□下半身太りの解消法
□ヘルシーお料理情報

参考サイト：ひらめき工場・
キレイの秘密のページ

■ 記述式にする

問合せフォームやアンケートに記述式の欄を設け、お客様の声を具体的に聞き出すことで、問合せの返信やその後の対応に利用しやすくなる。

■ 返信作業のマニュアル化

メールの返信では、お客様が記述した内容を加工する方法をマニュアル化しておく。そうすることで手間が軽くなり、対応がスムーズにできる。アウトソーシングも可能に。

■ 個別対応

一人ひとりの質問や要望に答える個別対応、パーソナライズ化したメールが成約率、リピート率を上げる。

平賀's CHECK　HIRAGA's CHECK POINT

☑マンパワーが少なくても、ツールで解決

一人、または少ない人数で事業をしている場合でも、ツールを駆使すれば作業の負担を軽くすることができる。問合せフォームの効率化、作業をマニュアル化するなど、作業の効率化が成功を導く。

☑リストを細分化して有効利用

メルマガを配信する多数のライバルの中でも、個々に合ったメルマガを送ることで圧倒的な反応を得ることができる。そのためには、既存客のリストを細分化できるツールを準備しておくとよい。

実例 20

ネットとリアルの融合でライバルサイトに勝つ

ネット社会だからこそアナログの手法が強い!

Success! 実例

スポーツ・クリニック系 DVD 販売

「株式会社 Real Style」

http://www.real-style.co.jp/

DVDによる情報販売を行うサイト。スポーツ系、クリニック系の情報を得意とする。ノウハウや情報を提供するほか、セミナーや講演会の運営も手がけている。

ファックスDMをプラスして集客に成果を出す

情報販売ではネットを使った集客が主流だが、Real StyleはファックスDMを導入し、リアルなアプローチ法を試みた。書面は、ホームページをそのままファックスにしたような構成。インパクトのある見出しで引きつけ、続いて読者へのメリットを記載、そしてノウハウ提供者の顔写真と教材の内容をコンパクトにまとめた。この結果、単価19,800円の商品で3,207,600円の売上を達成することに成功した。

Real StyleのファックスDM

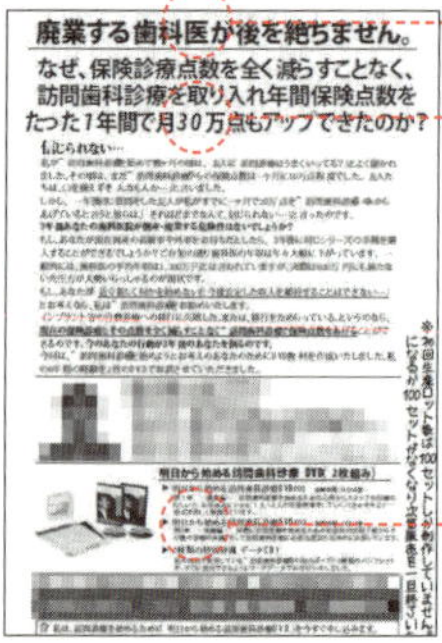
廃業する歯科医が後を絶ちません。

なぜ、保険診療点数を全く減らすことなく、訪問歯科診療を取り入れ年間保険点数をたった1年間で月30万点もアップできたのか?

信じられない…

お客様の心理

インパクトのあるキャッチコピーに思わず釘づけになる。

お客様の心理

具体的な数字が入っているから興味をそそられる。

お客様の心理

商品の内容が明確に掲載されていてわかりやすい。

購買心理をツク！

ネットビジネスが溢れる今 直接的な接触が有効！

アナログと思われている電話、ファックス、郵送などによるリアルなアプローチが、ライバルとの差別化、反応率を上げるための有効な手法となる。

ビジネスタイプ別リアルアプローチの例

B to B
【Business（企業） to Business（企業）】

ファックスDMを代行業者から一括送信
↓
アンケートに答える
↓
アンケートをリライト個別プランを提案する
↓
ファックス受注

法人相手のビジネスには、ファックスDMが効果的。ファックスDMが減少している今が狙いどき。

B to C
【Business（企業） to Consumer（一般消費者）】

ネットで資料請求
↓
郵送で資料送付
↓
ネットまたはリアルで受注

プロセスの中にリアルな要素を取り入れると、ネットだけで完結するよりも成果は3倍以上！

平賀's CHECK　HIRAGA's CHECK POINT

☑ネットだけで完結させる業態は続かない

ネットはローコストで一般消費者にリーチできる。しかし、それだけでは類似サイトがすぐに現れ、競合サイトの中に埋もれてしまう。これからは特に、ネットだけで取引を終わらせない工夫が必要とされる。

☑リアルとの融合がライバルと差をつける

類似品に埋もれやすいネットビジネス。その対応策として有効なのが、リアルとの融合である。ネットだけに頼らず、アナログの手法を駆使することで、ライバルとは違う特色を消費者にアピールすることができる。

実例 21

セキュリティー対策で選ばれるサイトを作る

購入時の不安を解消して成約率を上げる!

Success! 実例

ネットビジネスのコンサルティング

「集客請負人」

http://www.hiragamasahiko.jp/

平賀正彦が運営するサイト。インターネットビジネスでの売上アップを目指す人に、インターネットマーケティングのノウハウ、テクニックを伝授しサポートする。

SSLつきのサイトで会員登録を促す

ビジネスサイトでの問合せや申込みには、個人情報を保護するSSLつきのフォームを使うことが大切だ。特にコンサルティング業は、会社経営者や起業家を多く相手にするビジネスであり、重要な情報を扱う。コンサルティングやセミナーの申し込み、教材販売等で個人情報を入力してもらう際は、情報をしっかりと守る必要がある。上のサイトでは、ジオトラストのSSLを使用し、安全性を確保している。

SSLサーバ証明書取得

↓

サイト上にSSL認証マークを表示

↓

サイトにユーザーが情報を入力

↓

SSLで情報を暗号化して保護

↓

安全な受注

お客様の心理

このサイトはセキュリティーがしっかりしているから信頼できる。

お客様の心理

安心して個人情報を入力できる。登録して会員になろう。

購買心理をツク!

情報を保護されている安心感が購買の決め手となる!

ユーザーは安心できるサイトから商品を購入をしたいと思っている。したがって、個人情報の管理が万全であり、情報漏洩の心配のないサイトを作ることが必要である。

SSLとは?

SSL (Secure Sockets Layer) は世界標準のセキュリティー機能。SSLを利用すると、インターネット上での通信データを暗号化することができ、データの盗聴や改ざんを防ぐことができる。

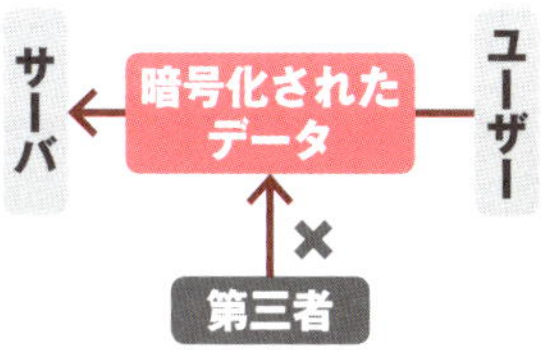

SSLが必要なページとは?

- ログイン画面
- アンケート画面
- 人材採用情報などの入力画面
- 問合せフォーム
- セミナーなどの登録画面
- クレジットカード情報の入力画面

平賀's CHECK

HIRAGA's CHECK POINT

☑情報保護の責任を果たすことが不可欠

消費者は個人情報の保護に対して、とても敏感である。ネットビジネスをする以上は、情報保護の責任をしっかり果たさなければならない。今後は今まで以上に、保護システムの導入が必要不可欠となるだろう。

☑安心して情報を預けられるサイトが選ばれる

多くのネットユーザーは、購入する前にさまざまなサイトを比較している。購入したいものが複数のサイトで、同じ価格で売られていた場合、個人情報の保護に長けているサイトが選ばれ、生き残るのは必然である。

第3章 まとめ

趣味の世界へのアプローチは、他サイトにはないビジュアルと**専門性を強調して商品価値を高める**

商品を絞ることは、**専門性を高め**、コアな見込み客を導くため、商品価値を理解してもらいやすい

新規客の開拓は、**ツーステップマーケティングで購入のきっかけを作る**ことがポイントである

複数のサイトを比較検討しているユーザーの購入意欲を後押しするのが、**価格調整**である

価格を上げることを忌避しない、提供する商品・**サービスのクオリティの確認**を行うことが重要

ユーザーへの**返信メールをパーソナライズ化**することで、反応率を上げることができる

フォームの効率化、作業のマニュアル化などツールを工夫することが成功へと導く

類似品・サイトに埋もれやすいネットビジネスにおいて、ライバルサイトに勝つためには、**ネットとリアルを融合させたアプローチ**が求められる。

「個人情報を保護してくれている」という**安心感のあるサイト作り**が、購買の決め手となる。

第4章 決定

成約率を上げるさまざまな手法

集客力を高め、ユーザーを引きつけるサイト作りができても、売上が上がらなければビジネスは成立しない。そこで本章では、成約率アップのコツをみていきたい。質の高い集客、サイト訪問者を購買行動へ誘導するポイント、効果的な商品の売出し方法など、継続的にネットビジネスを続ける上では欠かせない工夫を紹介していく。

重要なのはアクセス数より成約率を高めること

アクセス数を向上させ、サイトを見やすく構成しても、商品が売れなければ全く意味がない。ここでは、ネットビジネスでより確実に成約に結びつけるための「売る」テクニックを、実例をもとに学んでいく。

成約率を高めるサイト作り

これまで学んできた集客、誘導、差別化は、ビジネスを成功させるために欠かせない要素である。しかし、多くのユーザーに自社のサイトに興味を持って閲覧してもらったとしても、購買行動につながらなければ意味を成さない。

ユニークアクセス（純粋な訪問者数）が1日に1000のサイトと100のサイトでは、必ずしも1000のサイトが売れているとは限らない。売上を伸ばすポイントはあくまで「成約率」である。1000のアクセスがあっても、一つも売れなければ意味がなく、100のアクセスしかなくても、商品さえ売れればよいのだ。アクセス自体はお金をかければ増やすことはできる。しかし、本当に大切なのはアクセスを上げることではなく、成約率を上げることなのだ。

何の努力もなく真っ当にビジネスをしているだけでは、成約率を上げることはできない。かといって何か難しい、特別なことをする必要はない。成約率はちょっとした工夫によって向上させることができる。集客の努力をしたのにもかかわらず、これを怠っては釣った魚を逃がすようなもの。まずは商品に興味を持った、質の高いお客様のアクセスを増やす。そして、サイトの構成、サービス内容を充実させることで、より確実に成約に結びつくようなビジネスにレベルアップさせていこう。

成約率向上の法則

成約率を高めるためには、単純にアクセス数を増やすことではなく、購買意欲の高いお客様のアクセスを増やすことが大切。さらに、実際の購買行動に結びつけられるかが重要だ。

分数		結果	説明
少ない成約数 / 豊富なアクセス数	＝	低い成約率	アクセス数がいくらあっても、成約数が少なければ全く意味がない。せっかくのアクセス数を成約に結びつけることに注力したい。
確実な成約数 / 質の高いアクセス数	＝	高い成約率	アクセス数は少なくても、成約が見込めるアクセスであれば問題ない。最終目標はアクセス数ではなく、あくまで成約数である。

成約率アップの方法

購買行動に結びつけるには、同様の商品を扱うライバルとの差別化が重要。できる限り“付加価値”を高めることが、成約率を高めるポイントとなる。

特典	セット売り、送料無料、会員割引など、特典をつけることで購買意欲を刺激する。
価格プラン	さまざまな価格プランを用意し、お客様が購入時に最適なものを選べるようにする。
目玉商品	売りたい商品を厳選。サイトを訪問したお客様に強烈にアピールする。
地域密着	サービスエリアを絞ることで、より目的意識の高いお客様を集めることが可能となる。
コピーライティング	直接接触がないネットビジネスだからこそ、文章・アイコンなど、売り文句は目立つように心がける。
決済方法	ネットショッピングにおける消費者の購買スタイルはさまざま。決済方法も多様化したい。
無料相談	相談をしてくるお客様はかなりの見込み客。確実に成約に持ち込めるようにフォローする。

実例
22

送料無料サービスは売上アップに効果的

セット販売で利益を出す

Success! 実例

100%オーガニックベーカリー
「アコルト」
http://www.der-akkord.jp/

自家製天然酵母や天然水などの原材料を100%オーガニックに限定した、マクロビオティックとヴィーガン（完全穀物菜食）のパン専門店。ブログではそのライフスタイルも提案。

セット売りで利益を上げる

単価の安い商品は、ネットビジネスでは利益を出しにくい。しかし、表参道で「アコルト」を経営している西野さんは、単価500円のパンを販売して成功している。その理由は3000円、6000円のセット売りを導入し、お得感を演出しているからだ。サイトのトップページには、メインとなるセット商品を掲載し、インパクトを与えている。また、特定の金額以上で送料無料サービスを行ったところ、見違えるようにセットの注文を取りつけることに成功した。

メイン商品をアピール
↓
単価の安いものはセット販売に
↓
「○○円以上で送料無料サービス」など特典をつける
↓
受注数アップ

お客様の心理

セット売りはいろいろな味が楽しめて、得した気分になる。セットで購入して友人と分け合える。

お客様の心理

送料無料サービスはうれしい。“○円以上でサービス”を見ると、ついその金額分を購入してしまう。

購買心理をツク!

お得感や特典をつけて消費者に満足感を与える!

利益率の高い商品を扱っている場合は送料を無料にする。単価の安い商品はセット売りなどでお得感を出すと共に客単価を上げる。消費者に対し「特典」をつけることで、確実に売上アップにつながる。また、常連やリピーターになってもらえることも期待できる。

特典の例

- セット売り販売
- 購入金額によっては送料無料サービス
- 会員割引
- 次回○%割引
- ○円以上で○○プレゼント

■ セット売り販売

消費者から見たセット販売のメリットは、たくさん楽しめる、単品より安いといった「お得感」。何人かで購入したり、消耗品などは1人だけでも多く購入することがある。

■ 送料無料サービス

「○円以上購入すると送料無料サービス」を目立つようにアピールすると、消費者はその金額になるように、サブの商品も購入するようになる。

■ リピーターを育てる

新規客を増やさなくても、リピーターを多く獲得することで、業績は上げることができる。「次回○%割引」などを使えば、リピーターを動かすこともできる。

平賀's CHECK　HIRAGA's CHECK POINT

☑ 同じ商品でも特典の差で売る

同じ商品が同じ価格で販売されていたら、消費者はより特典のあるサイトで購入するのは言うまでもない。割引・数量サービスだけでなく、感謝の気持ちが伝わるポストカードをつけるのも効果的。

☑ 単価が安くても売れる

単価の安い商品でもセット販売にすれば客単価を上げることができる。セットにすることで値段が高くなっていたとしても、お得感や送料無料などのサービスにより払拭することができる。

実例
23 価格のプランを分けて成約率をアップさせる!

売れ筋商品をコントロールする方法

Success! 実例

ホームページ作成業
某サイト　佐藤さん（仮名）

ホームページ制作を請け負うサイト。98,000円と198,000円の2つのプランを設けている。

高額プランの成約率を上げる価格戦略

ホームページ作成業の佐藤さんは、お客様が自分で作業の一部を行う98,000円コースと、お任せプランの198,000円コースを設定していたが、申し込む割合は98,000円が6割と多く、仕事量に対して利益が出せずにいた。そこで、新たに金額の高い298,000円のコースを設定。すると、198,000円のコースへの注文が全体の6割を占めるようになり、客単価、売上を上げることに成功した。

98,000円と198,000円コースのプランを設定

↓

受注の6割が98,000円コース

↓

298,000円コースを新設

↓

198,000円コースに受注が集中

↓

利益アップ

お客様の心理

一部分の作業なら自分で請け負ってもいいから、98,000円の安いプランに申し込もう。

お客様の心理

ホームページをプロが全部作ってくれるプランがいい。安い方の198,000円コースに申し込もう。

購買心理をツク!

ユーザーが購入時に迷わない価格とプラン設定

いくつかのプランを設定するような商品を扱う場合は、コースの数や価格設定によって成約率を上げることができる。ここでは2つの価格設定の方法を紹介する。

「松竹梅」プラン方式の例

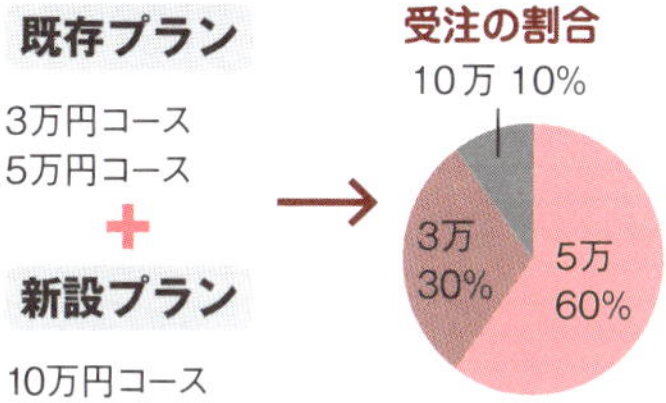

単一プランの例

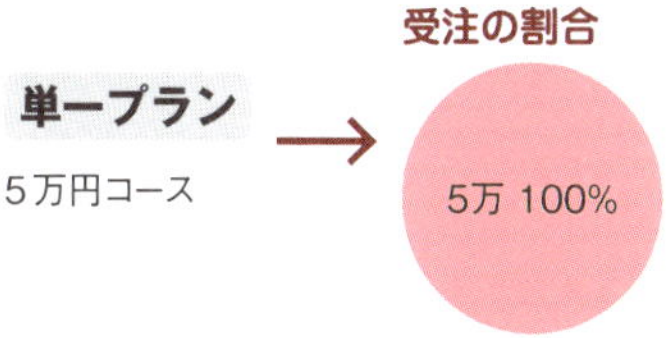

■ 人は中間を選ぶ

「松竹梅」の法則では、人は真ん中を選ぶ傾向がある。5万円コースの受注数を上げたい場合は、その上下にコースを作るとよい。例えば、3万、5万、10万という3つのプランを立てることで、5万円コースの成約率を上げる。

■ ユーザーが迷わない設定

「選ぶ」という行為自体が、ユーザーの申し込みを躊躇させる原因になることもある。ユーザーが迷わないようにすることも、成約率を上げるためのポイントである。

平賀's CHECK　HIRAGA's CHECK POINT

☑「松竹梅」か「1本化」を考える

プランの増減は、商品やサービスの内容により決定するとよい。佐藤さんのように外注を使いながらも原則1人で作業を行う場合は、1つのプランに注文を集中させ、効率化を図る方法も有効な手段と言える。

☑高額商品、サービスも売れる

いくつかの価格プランをたてることで、少数ではあるが高額商品が売れることもある。もちろん、商品満足度が高くなければならないが、ネットビジネスではこういった価格戦略で高額商品が売れる。

実例 24

消費者に安心感を与えるわかりやすいサイトにする

サイトの見せ方を変えて売上アップ

Success! 実例

コーヒーメーカー通販

「デバイスタイル専門店福六屋」

http://www.296.info/

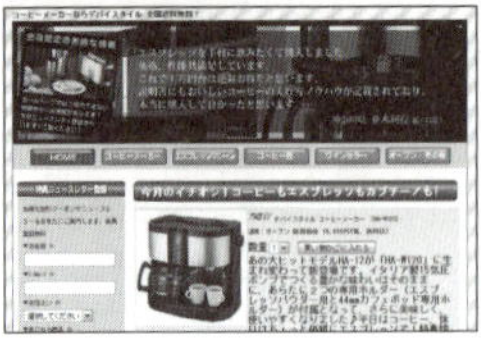

スタイリッシュなコーヒーメーカーやコーヒー豆、カフェポッドを販売。また、ワインセラー、空気清浄機、オーブンなど、デザイン性にこだわった商品も扱っている。

売りたい商品を厳選してアピールする

家電製品販売サイトを運営する麻生さんは、当初、自作のサイトで運営していたが、あまりに多くの商品が羅列されており、わかりやすさに欠けていた。そこで、デザイン性に優れ、商品のイメージに合ったサイト作成を専門家に依頼した。目玉商品をトップページに打ち出したところ、アクセス数は変わらないのに売上が2倍にアップ！　売りたい商品を厳選してアピールしたことが成功の秘訣となった。また、動画を掲載したことも売上を伸ばす要因となった。

サイトデザインを刷新

↓

目玉商品をアピール
＋
動画掲載

↓

新サイトの活用

↓

売上アップ

お客様の心理

お洒落なデザインで見ているだけで欲しくなる。イチ押し商品について詳細までわかりやすくて安心できた。

お客様の心理

コーヒーの香りが漂うような動画の威力に衝動的に購入。動画だと実際の使い心地が伝わりやすい。

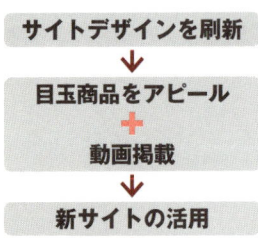

購買心理をツク!

イチ押し商品をアピールして成約率を大幅にアップさせる!

アクセス数を稼いでいても、多数の商品を羅列しゴチャゴチャしているサイトでは、訪問者を悩ませてしまい売上につながりにくい。目玉商品を打ち出した、わかりやすいサイト作りで購買意欲を高めることができる。

成約率アップのコツ

商品の羅列

いっぱいあって
悩んでしまう

目玉商品

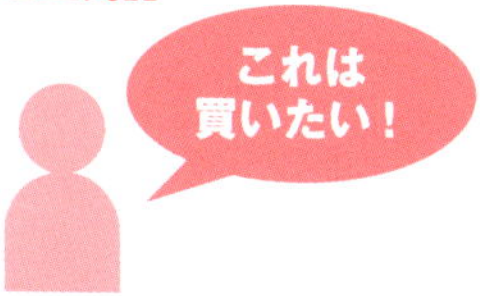
これは
買いたい!

■ わかりやすいホームページ

トップページに、目玉商品や売りたい商品を掲載する。アピールしたい商品を厳選して伝えることで、サイトが見やすくなり、訪問者が選びやすく購入しやすくなる。

■ 目玉商品

日替わりで目玉商品を1点のみ販売し、ほぼ毎日売り切れるというサイトが存在する。"目玉商品"を打ち出すことが、消費者心理に大きな影響を与える。

■ サブ商品を厳選する

目玉商品を購入した消費者がほかにも購入する場合、ほとんどが関連する商品になる。目玉商品に対応する商品を厳選すると、セット購入が期待できる。

平賀's CHECK　HIRAGA's CHECK POINT

☑ 2つのサイトを活用する

麻生さんは今までの自作サイトと、新しいサイトを別々のドメインで運営し、自作サイトを検索エンジン対策用、新サイトを広告用として役割を明確にして売上を伸ばした。現在は、コーヒーメーカーとワインセラーの専門サイトとして運営している。

☑ 成約率が上がるサイト作り

アクセス数を増やすよりも、サイトの成約率を上げたほうが確実に売上アップにつながる。その分、結果的に広告費などのコストを抑えられるというメリットもある。

実例 25

集客、成約率が上がる地域密着型ビジネス

ライバルサイトの少ない市場へのアプローチ

Success! 実例

建設業

「あなたのお宅を素敵にするためのサイト」

http://www.ex-gifu.com/

岐阜県、愛知県の一部の地域を対象とした工務店。カーポート、物置、エクステリアなどの外構工事を請け負う。見積もり前のメール無料相談など、親身になってサポートする。

地域を限定したマーケティングで成約数アップ

岐阜県で工務店を営んでいた洞山さんは、集客、成約数を伸ばすため、新たなサイト作りを始めた。洞山さんはキーワードに「岐阜市」など、地域を限定するキーワードを使い、サイトを改善した。また、メールでの無料相談を行い、お客様から気軽にアクセスができるように工夫をした。その結果、見積もりまで3か月、さらに施工まで2か月待ちのお客様が出るほど、成約数を上げることができた。

サイトを開設

↓

キーワードに限定した地域名を追加

サイト修正

↓

集客数アップ

↓

メールの無料相談などを行う

↓

成約数アップ

お客様の心理

近所によい工務店がないか探したい。インターネットで調べてみよう。

お客様の心理

依頼をする前にプロが相談にのってくれるのがいい。ここなら安心して工事を頼めそうだ。

購買心理をツク！

地域情報をネットで集めたいユーザーへのアプローチ

ユーザーがインターネットで店舗を探す際、居住地や勤務地などの「地域名」を入力して検索する場合が多い。地域、ターゲットを限定したサイトを作ることは、こうしたユーザーを獲得し、集客、成約率を上げることにつながる。

地域密着型ビジネスのポイント

キーワード設定

ユーザーは、「渋谷　美容院」など、地域名の入った複合キーワードを使用する場合が多い。このようなキーワードをタイトルタグ、メタタグ、文章内に適度に入れることで上位表示を狙い、集客力を高める。

ターゲットの明確化

地域密着型ビジネスでは、何よりもターゲットを明確にすることが重要である。店舗の客層はもちろん、お客様が店舗に求めていることを分析し、サイトの構成にも反映させるようにしたい。

店舗へ促すサイト作り

電話番号を大きく表示する、地図や駅からのアクセスを掲載する、スタッフ紹介など、サイトに訪れたユーザーに店舗情報をわかりやすく伝えるサイト作りの工夫が必要である。

集客スタイルを多様化する

ブログ、メルマガなどを活用し、メインサイトの集客力が落ちてもリスクを分散できるようにしておくこと。また、チラシやDMなどのアナログなツールも視野に入れておこう。

平賀's CHECK　HIRAGA's CHECK POINT

☑ 地域限定ビジネスにインターネットが有効な理由

今まで、地域の店舗情報を探す際に電話帳を使っていた消費者も、最近ではインターネットで調べる人が圧倒的に多くなった。店舗の商圏が全国エリアでない経営者の中には、インターネットでのマーケティングは必要ないと考えている人もいる。しかし、こうした消費者の行動の変化を考えると、インターネットは地域限定のビジネスに有効なツールであることがわかる。インターネットを使用している経営者が少ない今だからこそ、ライバルに差をつけるマーケティング法として活用したい。

実例 26 注文が劇的にアップするコピーライティング方法

消費者の目に留まる一行の文章とアイコン術!

Success! 実例

アクセサリー専門店
「ミネラ」
http://www.gold-rutile.com/

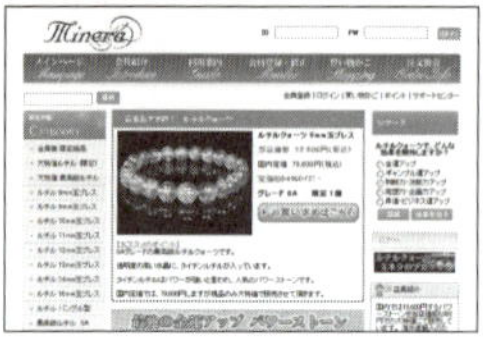

パワーストーン・ルチルクォーツを使ったブレスレットを専門に販売しているサイト。ショッピングモールへも出店しており、会員様限定の商品も取り揃えている。

商品紹介の文章を魅力的な売り文句に変える!

自社のネットショップで本日のおススメ特価を用意して、ルチルクォーツを扱うブレスレット専門店を出店している南口さん。商品点数は多いが、売上が思ったほど上がらない。そこでまずは、ユーザーの目に留まりやすいように、"店長のおススメ!"というアイコンを入れた。もともとサイト自体の完成度が高く、きれいな写真と親切な商品紹介文があったため、売上がアップするのにそう時間はかからなかった。

商品を数多く掲載

↓

一押しの商品に"店長のおススメ!"と目立つアイコンをつけ、商品を整理

↓

今までの○倍の売上を達成

↓

「店長のおすすめ品だから購入」とお客様からうれしい声が届く

お客様の心理

おしゃれなホームページに惹かれて訪問したが、商品数が多すぎて、商品選びに悩んでしまう。

お客様の心理

商品に詳しい店長のおすすめ品なら安心して購入できる。

購買心理をツク!

コピーライティングの威力は サイトの完成度に比例する!

コピーライティングは、ユーザーが読んで、信じて、行動してもらう事で意味をなす。その壁を越えるためには、コピーライティングと共に、緻密なマーケティングをしてサイトの完成度を高めておかなければならない。

ユーザー視点のホームページ作り(マーケティング)

↓

文章・アイコンを入れたり、決め手の一文を太字にするなど目立つように入れる(コピーライティング)

↓

店長や店員の"人柄"が見えることを書く(コピーライティング)

↓

成約

■ サイトの完成度を高める

サイト内の商品の写真をきれいに撮り、見やすいレイアウトを心がけ、ユーザーの訪問を促す。

■ 売りの文章を入れる

視線を商品に誘導するようなアイコンを入れたり、商品紹介文に太字の見出しなどで商品の売りになるコピーライティングを入れる。

■ 購入させる仕かけ作り

サイト内・商品紹介文にお店の雰囲気や店長の好きな食べ物など、店長の人柄がわかる文章を書いておくと、お客様との距離を縮めることができる。

平賀's CHECK　HIRAGA's CHECK POINT

☑ サイトの完成度を高めて売りのコピーを活かす!

ネットビジネスでは、直接的な接触がないためサイトへの信頼が得にくい。ユーザーが使いやすい、買いやすいように商品紹介文を意識する。そうすることで、サイトの完成度はおのずと高まる。コピーライティングをアイコン化したり、一行の見出しを太字で表示したりと、ユーザーの心理を突く効果的なコピーライティングで、お客様の心をキャッチすることができれば、売上アップにつながる。

実例
27

決済方法を増やして購買スタイルに対応!

決済方法の豊富さが買い手の心理を動かす!

Success! 実例

情報販売

「情報起業でがっつり稼ぐ会」

http://www.1tuiteru.com/

自分で行える浮気調査マニュアルや恋愛のノウハウなどの情報販売を行う。現在は主に情報起業のノウハウをメイン商材とし、成功する情報起業についての講座も開催している。

クレジット決済を導入し、代金の回収率アップ

浮気調査を主体にした情報販売業を営む菅野さん。ホームページ開設時は、決済方法が銀行振込の1つしかなかった。銀行振込の欠点は、代金の回収率が低いところにあり、菅野さんはその悩みを解決するべくクレジット決済を導入した。今までの銀行振込も継続しながら、決済方法を増やすことで、代金の回収率も上がり、消費者の購買スタイルに応えるかたちで、売上20%アップにつながった。

決済方法が銀行振込のみでネットビジネスを展開

↓

代金の回収率が下がり、受注の伸びがない

↓

クレジット会社に打診しクレジット決済を導入

↓

代金の回収率が上がり売上も20%アップ

お客様の心理

決済方法が選べないと不便。ほかのサイトで同じような商品を探そう。

お客様の心理

銀行振込は自分で振込みに行くのが面倒。クレジット払いは決済日が決まっていて、自動的に振り落とされるから楽チン。

購買心理をツク!

購買スタイルが違う消費者を決済方法で成約に結びつける!

インターネットのショップにおいても、消費者の購買スタイルは多様化している。それに応えるよう決済方法を増やすことで、消費者の購買意欲を動かすことができる。

扱っている商品が前払い向きか後払い向きか決める

↓

商品の値段、業種によって決済方法を複数用意する

↓

消費者の購買スタイルに合致する

↓

成約

■ 商品別、決済方法のルール

クレジットカードが普及して、"支払いは後で"という購買スタイルが主流になりつつある。そこで、決済方法は、消費者心理に基づき、次のような手順で決めるとよい。ポイントは、商品のエンターテインメント性の有無。旅行などの遊び要素が高い商品は、支払いを済ませておくと遊び要素を存分に楽しむことができるという心理がはたらくため、前払いが向く。遊び要素が低い家電などは、前者の心理が生じにくく、後払いが好まれる商品と言える。

■ 複数の決済方法を準備

購入スタイルは様々だが、決済方法を複数用意することで、対応することができる。最低限、クレジットカード、代金引換、銀行振込（ネットバンキングも含む）は用意しておく。

平賀's CHECK　HIRAGA's CHECK POINT

☑ クレジット決済はネットユーザーに好まれる

銀行振込が主流だったネット上の決済方法。商品にもよるが、それらの決済方法の利用者は徐々に少なくなっている。最近の傾向では、店舗側には代金の回収率がよく、消費者側には決済が楽ということで、前払いのクレジット決済が好まれる。私のクライアントの統計を見ても、クレジットと代引決済を選択できる場合の割合は6：4である。消費者の購入スタイルを網羅するためにも、ネットビジネスに欠かせないクレジット決済のほかにも何種類か備えたサイトにし、消費者心理のツボを押さえるのが成功の秘訣である。

実例
28

無料相談で希望者を増やし成約に持ち込む!

電話での相談がクロージングの決め手に!

Success! 実例

コンサルティング業

「輸入 master 森治男のサイト」

http://www.moriharuo.jp/

輸入ビジネスのコンサルティング業を行う。多数のクライアントへのコンサルティングで実績を上げる傍ら、自身でも輸入販売も行う。

成約までのプロセスが変わる電話相談

輸入販売業の実績を元にコンサルティング業を始めた森さん。開始当初、サイトを立ち上げたはいいものの反応は今ひとつ。売上を増やすべく、アクセス数よりも、成約率重視の電話での無料相談を始めた。ネット上で30分間の無料相談を募集し、電話で直接話をしてクロージングを行った。結果、数名しかいなかった有料会員が1か月で30名にまで増え、無料相談での成約率が70%を達成した。

無料相談申込み用のページを作成

↓

アクセス数が1日約30件に増加

↓

申込みが1日1件のペースで増加

↓

電話で直接悩みを聞いてコンサルティング

↓

1か月の成約率70%！有料会員数が増える

お客様の心理

無料だから気軽に申込みができる。感触がよかったら有料会員になろう。

お客様の心理

親身になって話ができて安心できる。お金を出してでもコンサルティングを受けたい。

購買心理をツク!

電話で直接話をする機会を作りクロージングに持ち込む

集客から成約までの確率が劇的に変わる無料相談。そのプロセスはネット上で無料相談のメリットや流れを紹介して、申込みをしてもらうというもの。さらに、直接お話をする機会をつくることで、クロージングに持ち込むことができる。

無料相談から有料会員を増やすポイント

無料相談を始める
↓
電話で直接話をする
↓
有料会員になる

アナログ手法が有料会員への決め手に！

ネットは、見込み客を集めるのに安価なためコストパフォーマンスに優れた“デジタル”ツール。そこに電話という“アナログ”手法を取り入れることで、成約までの距離が一気に縮まる。電話でのクロージングの最大のポイントは、“相手の話をよく聞くこと”につきる。お客様の希望や不安点などを聞き出すことができれば、有料会員になる確率は高まる。すべてをネットで完結しようとせず、アナログでのクロージングを取り入れて、成約率を高めよう。

平賀's CHECK　HIRAGA's CHECK POINT

☑ネットを集客ツールとして利用する

無料相談はタダでできるというお客様側と、集客や事前説明が少ない手間と安い費用でできる提供側と、双方にとってメリットがある。実績や推薦者の声や相談までの流れを紹介することで、集客につながる。

☑アナログ手法で成約に結びつける

電話でのクロージングは、一方的に話す押し売り営業ではなく、相手の話を引き出すことが重要になる。ネットで必要な情報を提供し、電話ではお客様から話をしてくれるようになれば、成約率を上げることができる。

第4章 まとめ

送料無料やセット特典など、**顧客満足度を上げる工夫が成約率を上げる**コツである

ユーザーが購入時に迷わないように、**わかりやすい価格設定やプラン数**にすることで**購入までの時間を短縮**させ、利益を上げることができる

複数の商品をゴチャゴチャと載せるのではなく、**商品を厳選して載せる**、わかりやすいページ作りが成約率アップのための秘訣である

地域密着型ビジネスは、ライバルサイトが少ない**穴場市場**。地域情報をネットで収集しているユーザーを獲得することができれば、利益を上げやすい

魅力的な売り文句、**コピーライティングを工夫**することで成約率はアップする

購買スタイルが違う消費者に対応するためには、**決済方法を増やし**、購買意欲を高めることが必要である

扱う商品によっては、**ネットは集客ツールとして利用**し、**クロージングは電話**で直接話をすると成約率が上がりやすい

第5章 分布・反復

サイト、商品の分布、反復を狙う

ネットビジネスで長期的に利益を上げるには、一度獲得したお客様からの口コミでの新規客の広がり（分布）と、リピーターとなってもらうこと（反復）が欠かせない。そのためにはどんな業態であれ顧客満足度を高めることが必要となる。さまざまなサービスを実施する成功者の実例や口コミの効果など、顧客の拡販・再訪の方法を学んでいこう。

効率的にリピート客を獲得し確実な売上を確保する

長期的に収益を上げるためには、新規客を獲得すると共に、リピート客を増やす必要がある。ポイントとなるのは顧客満足度。お客様と対面することの少ないネットビジネスにおいて、継続的な売上を確保するための、適切なサービスを考えていこう。

長期的に儲かる仕組みを作る

自社のサイトのアクセスログを見ると、個々のアクセスに対してそれが最初の訪問なのか、再訪なのか分類することができる。これは、サイトに訪れた人が新規客なのかリピート客なのかを把握し、分析することが可能になることを意味する。アクセスログはユーザーを分析するにあたって欠かせない、導入必須のツールだ。

新規客をどうやって増やすか、これは多くの業種においても重要なことだ。しかし、新規客を満足させ、リピーターになってもらうことも、それ以上に重要なポイントとなる。リピーターがヘビーユーザーになれば、新規客の獲得に費やすコストを抑えることができる。また、そうしたリピーターの声が広まることで、新たなユーザーを獲得することが可能になる。サービスの充実を図り、顧客満足度を高めることは、結果的に広告費の削減にもつながるのだ。

単価の高いもので常に新規客を獲得し続けなければならないもの、単価の安いもので繰り返し利用し続けてもらうことを狙ったものなど、扱う商材によって新規客とリピート客のどちらに注力するかは変わる。いずれにしても、いかに長期的に儲かる仕組み（ビジネスモデル）を作れるかが重要なポイントとなる。この章では、扱う商材に関わらず、自社のビジネスモデルを拡大させていく方法を紹介していく。

リピート率向上の仕組み

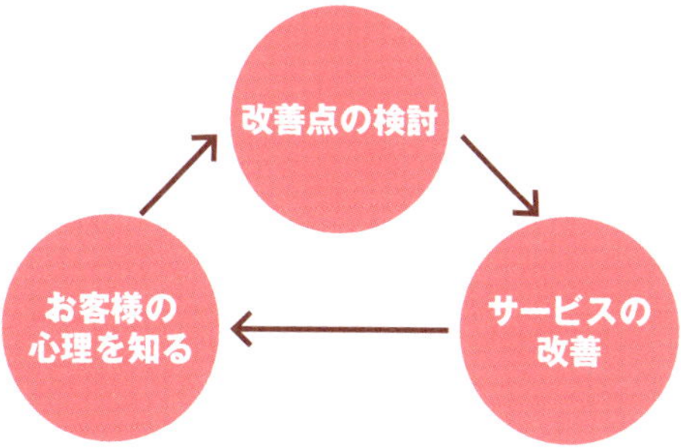

顧客の声を聞く

成約後にアンケートなどを実施し、新規客、リピート客双方から、購入動機、購入理由、サービスの反応を得る。また、アクセスログなどを用いてサイトの分析を行う。

↓

比較調査する

同業店、同業態のサイトの分析を行う。リピート率の高そうなサイトと自社のサービスとを比較し、自社サイトの改善すべき点を明確にする。

↓

改善の実行

改善点を分析したところで、すみやかにサービスの改善を行う。ポイントを絞った改善により、より確実にリピート率や売上の向上を図る。

リピート客を得る手法

数量限定、期間限定サービスの定期化

ユーザーが購入を決断するまでに、数や時間が限られているときは、その商品の特徴を極端に判断してしまう傾向がある。レストランなどの「限定○食」や「今から24時間のみ受け付けます」など。

希少性のある情報

受け取った情報がなかなか手に入らないものだと感じることで、説得力が増す。「ここだけの話ですが、将来プレミアがつく可能性が大です」など。

特別待遇で優越感を高める

自分が特別扱いされたことで、付加価値が高まる。また、そのサービス自体に好感が持たれる。「在庫切れだった商品ですが、お客様だけにご用意できます」など。

実例 29

期間限定商品でリピート客を増やす

ライバルが少なく、売りやすい

Success! 実例

季節商品の販売

「琉球市場」

http:// 完熟アップルマンゴー .jp/

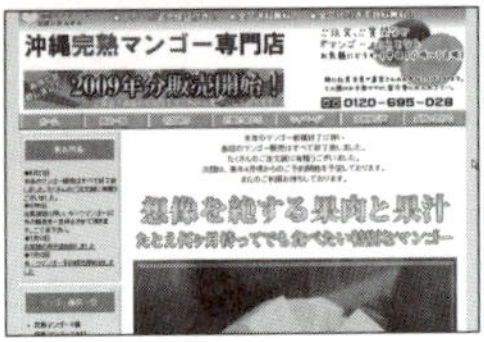

インターネットのホームページ、モバイルサイトの企画・立案・作成・管理などを主な業務としていながら、果物のネット販売業を始める。モバイルサイト作成業も強化している。

照準をしっかり絞った下準備

季節モノ商品を扱って、初年度で1000万円以上の売上を達成した琉球市場の安田さん。マンゴーが売れるシーズンは夏期の2か月に限られるため、そこに照準を絞ってしっかり準備を進めた。サイトは何よりも、美味しさが伝わってくるマンゴーの写真とキャッチコピーで、季節モノ・限定モノに目がない消費者心理を突いた。利益率も高く、翌年以降のリピート販売も期待できるサイトを確立することに成功した。

季節モノに照準を絞る

↓

農家と交渉

↓

販売権獲得

↓

パソコン・モバイルサイト作成

↓

PPC広告を活用して集客

お客様の心理

期間限定商品には興味がある。手間をかけて栽培したマンゴーを、通販で簡単に注文できるなら1度試してみよう。美味しかったら翌シーズンも購入したいし、友人にも教えよう。

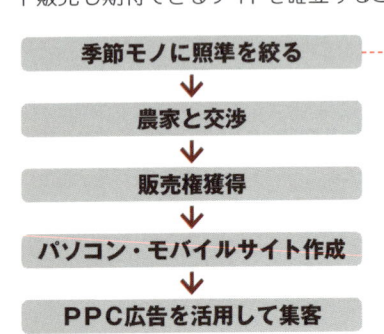

購買心理をツク!

限定モノ、企画モノ商品は タイミングが命

季節モノ商品はタイミングが重要。安田さんのマンゴーだけでなく、果物、野菜、魚介類やクリスマス商品などの旬の商品は、短期間に利益を上げることができる。季節モノ商品をいくつか並行して扱うと、年間の売上、利益は安定する。

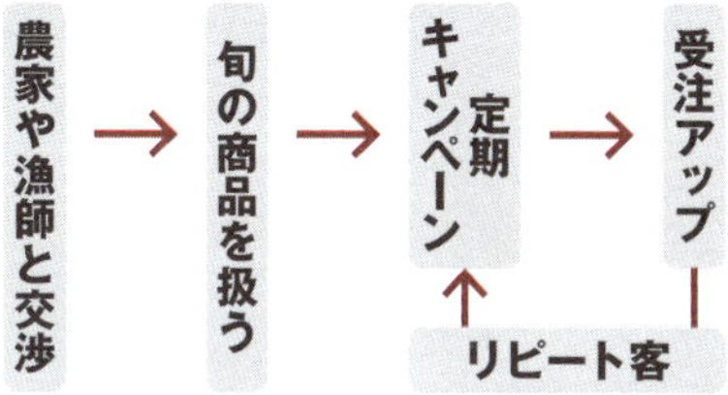

■ 入念なマーケティング

パソコンサイトと携帯サイトを用意して、商品の動く時期に複数のマーケティングを行いアピールする。

■「限定モノ」をアピール

扱っている商品も、季節によって売り方を変えたり、キャンペーンを打ち出すなど「期間限定」をアピールすることで、集客やリピートが高まる。

■ 複数の季節モノを扱う

夏の旬商品、冬の旬商品といった具合にいくつか手がけることで、年間を通しての売上を安定させることができる。

平賀's CHECK　HIRAGA's CHECK POINT

☑ 季節限定モノはリピート率が非常に高い

2〜3か月しか扱えないデメリットもあるが、それ以上に、毎年リピートを確実に獲得できるメリットがある。

☑ 本業とは関係ないビジネスでも成功できる

農家や漁師と契約をして、販売だけを行うことも可能。ただし、手間をかけて栽培したことを理解し、相互メリットの関係を築く必要がある。

実例 30

会員制ビジネスで安定した収入を確保する

「1回きり」の情報商材から会員サービスへ

Success! 実例

情報販売

「情報起業でガッツリ稼ぐ会」

http://www.1tuiteru.com/

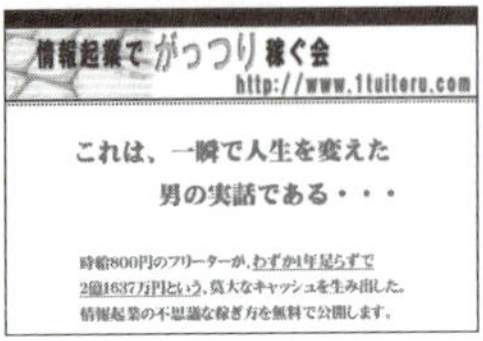

自分で行える浮気調査マニュアルや恋愛のノウハウなどの情報販売を行う。現在は主に情報起業のノウハウをメイン商材とし、成功する情報起業についての講座も開催している。

常にアンテナを張って準備する

突然のアカウント停止や大手サイトの提携解消など、さまざまなトラブルを経験した菅野さんは、その都度、対策と強化を図り、新商品の販売や複数のマーケティングを行ってきた。同じような情報商材を販売している人たちと交流を持ち、それぞれの商品をメルマガなどで紹介し合い、大幅に売上を伸ばした。また、従来のマニュアル販売と合わせて、会員制ビジネスの展開やアフィリエイト収入などで、安定した収入源の確保に成功。最終的には3つのサイトを手がけることで、月収1000万円超に達した。

情報商材でヒット

↓

顧客は単発なので常に新規開拓が必要

↓

会員制ビジネスに展開

↓

定期的な収入を確保できる

お客様の心理

情報商材は購入すれば、自分のものにできる。オリジナリティを加えてマネすれば以降は買う必要がない。

お客様の心理

会員になれば電話やメールでのサポートサービスがあって、質問や疑問に答えてくれるので安心できる。

購買心理をツク!

会員制のビジネスモデルで**長期的利益**を得る

菅野さんのような情報ビジネスは単発売りになりがちなので、会員制ビジネスで収益を安定させることが得策である。そのためには、良質な情報提供など、サービス面でクライアントの満足感を高めることが重要。

会員制ビジネスのサポート例とその効果

電話・メール相談	会員制ビジネスは、個別の対応が求められる。電話やメールなど、マンツーマンのやりとりがクライアントの満足度を高める。
会員専用掲示板	外部に荒らされることもなく、会員同士が必要な情報を共有することができる。
面談	対面マンツーマンで指導する場合は、料金を高めに設定してもOK。
電話セミナー	特殊な回線を使って大規模なセミナーを行うことができ、会場をセッティングしなくてもセミナーを開くことができる。遠隔地に住んでいる人も参加できるメリットがある。
ノウハウを仕入れる	会員からいろいろな成功事例が集まる。1人のクライアントから出た成功事例を元にして、広角に展開することができる。

平賀's CHECK

HIRAGA's CHECK POINT

☑ 切り替えの早さが成功の秘訣

アカウントの停止などによって売上が落ちてしまった場合、別の方法で何とか売ろうと考えてしまうところだが、新たな商品・サービスへと切り替えができる人ほど業績が上がる傾向がある。

☑ 会員制にすれば収入は安定する

情報商材は顧客のリピートが見込めず、常に新規客を増やさなければいけないが、会員制にすることによって安定して定期的な収入を得ることができるようになる。

実例
31

サポートを強化して顧客満足度を高める

満足度の高いサポートでリピート率を上げる

Success! 実例

カーケアグッズ販売　カーケアサポートサービス

「洗車達人PRO .com」

http://www.senshiya110.com/

洗車キット販売サイト。洗車の秘訣を伝えるメルマガなど、洗車業での経験を活かしたサポートを提供する。全国に会員をもち、初心者からマニアまで幅広い支持を得ている。

万全のサポート体制で安心感を与える

高級車専門の出張洗車業で、信頼と実績を積み「洗車の達人」と呼ばれる平山さんは「洗車達人PRO .com」を開設し、高級車向けの洗車キットの販売を始めた。サイトでは利用者から投稿された愛車の画像と喜びの声を「実践報告」として紹介。購入者には会員専用メルマガでさまざまな情報を配信した。また、電話・メールでの相談や質問にも対応しており、万全のサポート体制で、リピート率を高めることに成功した。

高級車を所持している人をターゲットに設定

↓

購入者に会員限定メルマガ配信

↓

実践報告

↓

サポート

↓

リピート率アップ

お客様の心理（実践報告）

多くの利用者が満足している様子を見て、自分の車も新車のような輝きを取り戻したい。

お客様の心理（サポート）

しっかり対応してくれるから安心。これなら友人にも紹介できる。

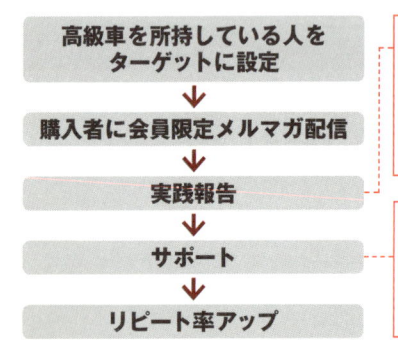

購買心理をツク!

ジワジワ浸透するビジネスで継続性の高い顧客をつかむ!

万全のサポートで顧客の満足度を高めることで、口コミでの集客が見込める。集まる顧客は継続性を重んじる傾向が強く、契約を継続する状態にすることで、リピート率が高くなる。

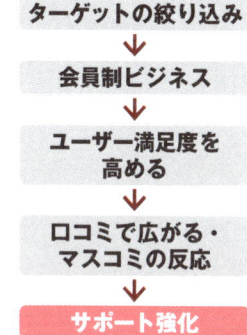

ターゲットの絞り込み
↓
会員制ビジネス
↓
ユーザー満足度を高める
↓
口コミで広がる・マスコミの反応
↓
サポート強化

■ 富裕層をターゲットに

富裕層をターゲットに設定すれば、少数の顧客でも、単価の高い商品やサービスを販売し、細やかなサポートに見合った利益を得ることができる。また、一般的に趣味にはお金をかける人が多くみられる。

■ 顧客視点で考える

商品はもちろん、サポート体制でも満足していただくために、顧客視点で物事を考える。ネットビジネスにおいても、お客様とのコミュニケーション力は重要になる。

■ 購買層の広がり

口コミが広まると、専門誌や総合サイトに取り上げられるようになる。これは、ターゲット層だけでなく、一般ユーザーへと広がったサインである。

平賀's CHECK　HIRAGA's CHECK POINT

☑ 口コミがもたらす宣伝効果

趣味と連動したサイトの場合、口コミによる広がりが主流となる。そのため、利用者の声を届けるのは重要であり、「実践報告」は効果的である。口コミを発生させるためには、サポート体制を強め、顧客の「安心」と「満足」を高めることが重要だ。

☑ 会員特典・割引サービス

会員専用リピート用品などを割安で提供したり、2回目以降は無料サポートなど、会員に対してメリットのある特典をつけることで、顧客の購買意欲を高め、リピートにつなげる。

実例 32

アナログ式アプローチで見込み客を逃さない！

定期的なニュースレターがキモ！

Success! 実例

学資保険販売代理業

「株式会社 京応保険設計」

http://gakushihokenhomepage.jp/

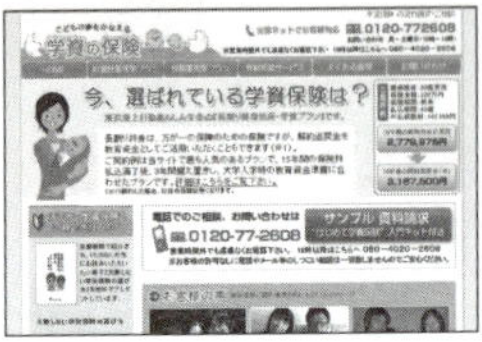

学資保険をプランニングし、販売するサイト。お客様の声を一番上に載せたインパクトのあるトップページと、資料請求のしやすさが特徴。京都本社、東京支社がある。

コミュニケーションを大切にする

ツーステップマーケティング（P68）で成約率を倍増させた加藤さん。サンプルプランとガイドブックの送付が見込み客を増やした要因だが、ニュースレターを使ってさらに売上を伸ばしている。　ニュースレターはトップページに掲載しているような“お客様の声”を、より詳細に伝えるような内容にしたり、加藤さんやスタッフのプライベートな情報を載せるなど、お客様との親近感が沸くような作りにしている。こういった商材では、保険の話ばかりではなく、スタッフの人柄が伝わる内容にすることも重要である。

サイトから資料請求

↓

サンプルプラン、ガイドブック送付

↓

丁寧な電話対応

↓

ニュースレター送付

↓

リピート率アップ

お客様の心理

「お客様の声」を見て、みんなが満足していると感じた。私も資料請求してみよう。

お客様の心理

わかりやすく、自分の希望に合った内容だと思った。無理な勧誘も一切なくて好印象。

購買心理をツク!

サービス内容や人柄で実績と信頼感をアピールできる

加藤さんはサンプルプランと共に「失敗しない保険の選び方」という小冊子も無料で送付しており、これが大好評!　契約の決め手になったとの声が多数届いた。また、「時手紙」というサービスなど、独自のサービスを展開している。

信頼感を得る方法

無料の小冊子

サービス内容や仕組みがよくわかる小冊子を独自に制作。これを資料請求されたお客様に配ることで、信頼感が増す。

加藤さんの場合「失敗しない学資保険の選び方」という小冊子を制作。丁寧な作りで地方紙にもとりあげられた。

アフターケアも大切に

成約後のお客様のケアを重要視することで、信頼感を高めることもできる。その結果、リピーターとなったり、口コミでの広まりも期待できる。

加藤さんの場合「時手紙」というサービスを実施。親から子供への手紙を預かり、学資保険が満期になった際に届けている。

お客様の声を届ける

既に満足しているお客様の声ほどリアルに伝わるものはない。実体験こそが最大の売り文句になる。

スタッフの人柄で勝負

安心感を与えるためには、インターネットだからこそ自分たちの人柄を伝えることが大切である。

平賀's CHECK　HIRAGA's CHECK POINT

☑トップページで勝負する!

トップページにお客様の声と幸せそうな家族の写真を載せ、身近に感じられる成功例を見せるとユーザーが共感しやすい。また、請求フォームもトップページにあるので、入力しやすいスタイルになっている。

☑常にデータを細かく計測しておく

広告費用と資料請求がの割合のバランス、一連のプロセスでどの程度契約が取れるかなど、データを日々計測しながらビジネスを進めていくことが、業績アップにつながる。

実例
33

独自のSNSで既存客の満足度を加速させる!

古参会員を味方につけるコミュニティー

Success! 実例

集客請負人

「平賀正彦SNS」

http://www.hiragamasahiko.org/

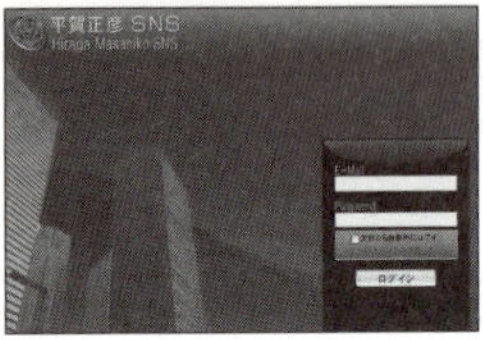

数百名に上る会員制ネットマーケティングのコンサルティングを運営し、会員のサポートを行う「平賀正彦SNS」。コンサルティング業務に携わり、多くの起業家を成功に導く。

質の高いコミュニティーを構築する

有料会員限定のSNSは荒らし行為もなく、同じ志を持つ仲間が集まる。そのため、SNS内の仲間同士で、質問やアドバイスが交わされ、問題を解決することができる。管理人は立ち上げ時には率先して日記やレスをつけ、30名程の古参会員には、リーダーとして積極的に参加してくれるよう依頼した。会員数が数百名を超えると、1人では対応しきれなくなるが、古参会員の協力で新規会員も気兼ねなく参加できる雰囲気になっている。会員が増えても既存客の高い顧客満足を維持できる。

有料会員限定SNSの立ち上げ

↓

SNS立ち上げ時は
日記・レスをこまめに更新

↓

古参会員をリーダーにして
運営者はトラブルを解決

↓

既存客の満足度を高める

お客様の心理

自分と同じような悩みやトラブルを抱えた人の意見・言葉に興味がある。

お客様の心理

レスしてくれる人がいると安心するし、自分も積極的に参加できる。

購買心理をツク!

書き込み好きの常連をいかに作れるかがカギ!

SNSは運営者がマメに書き込むことと、書き込み好きの常連をいかに作っていくかが重要。古参会員をリーダー的存在にすることで、彼らのモチベーションを向上させ、新参者も気兼ねなく参加できる雰囲気作りが必要である。

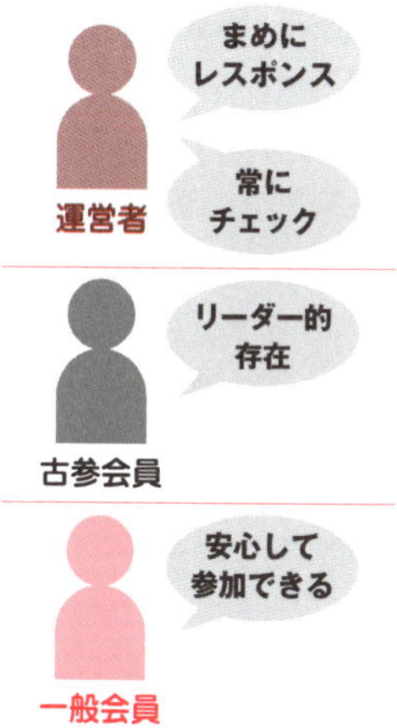

■ レスポンスはマメに

特に立ち上げ時はマメに行い、会員に満足してもらうことが重要。

■ 古参会員に頼る

リーダーとして積極的に参加してくれるよう依頼すれば、快く引き受けてくれる。30名ほどにお願いし、常にSNS内に動きがあるようにしておく。

■ サイト内を常にチェック!

セールス目的や特定の人を批判するなど、相応しくない記事を書いた人には、運営者が直接メッセージを送る。会員同士で解決させようとするとトラブルの元になる。また、運営者が注意すれば、速やかに解決できる。そのためにも、常にチェックしておくことが大事。

平賀's CHECK　HIRAGA's CHECK POINT

☑有料会員制のメリット

有料会員制にすることで、参加者の質、情報の信頼性、コミュニケーションの安全性が高まる。ユーザー同士が良好な関係を築くことができるため、退会者がほとんど出ない。

☑SNSをビジネスに活かす

同じ価値観を持ったユーザーが集まるので、マーケティングに有効な情報を収集できる。また、高い口コミ効果も期待できる。建設的な意見が交換され、ユーザーが自主的にサポートをしてくれる結果となる。

実例 34

限定のメルマガでリピート率を上げる

反応率を高めるメルマガ発行形態

Success! 実例

美容アイテム販売

「ひらめき工場・キレイの秘密のページ」

http://hiramekikojo.com/kirei/

アンチエイジングのオリジナル美容アイテムを販売するサイト。スキンケア、ボディケア商品やフィットネスアイテムなど、女性の美容・健康関連のグッズが幅広く揃う。

メルマガ反応率90%超の理由

「ひらめき工場・キレイの秘密のページ」で販売を手がける滝口さんは、メルマガからアクセス数を稼いでいる。その最大のポイントは顧客リストの細分化だ。商品購入時のフォームでアンケートを取り、興味のある情報を収集し、個々のアンケート結果に対応した号外版メルマガやステップメールを配信した。それぞれのお客様に合ったアプローチ法で、メルマガ反応率、リピート率をアップさせた。

購入時にアンケートを実施

↓

号外版メルマガを配信

↓

ステップメールを配信

↓

リピート率アップ

お客様の心理

情報も豊富で、興味のある内容だからうれしい。必ず目を通して参考にしている。

お客様の心理

7回に分けて発行されるから続きが楽しみ。購買意欲が沸いてくる。

購買心理をツク!

リピート率を劇的に上げるメールマーケティング

複数のメルマガを受信しているユーザーが多く、他社のメルマガに紛れてしまい開封されなかったり、迷惑メールフォルダに直行してしまうという事態が考えられる。メルマガは、まず、ユーザーの目に確実に届ける工夫が必要である。

良質な配信スタンドを使用し、より確実にメルマガを届ける

↓

アンケート結果に対応した号外版メルマガを発行

↓

メルマガを分割して発行

↓

後半に重要な内容を書き有効なセールスを行う

■ 大手配信スタンドの効果

まぐまぐなどの大手の配信スタンドを使うと、ウェブメーラーユーザーの迷惑メールフォルダに入る確率が比較的低い。

■ 個々に合わせた内容

号外版メルマガを不定期で発行。アンケートに合わせて各ユーザーが求める内容を個別で配信する。

■ ステップメールで配信

3日ごとに7回に分けて配信し、後半に重要な内容を書いてセールスを行うなど、ステップメールを活用することで成約率が格段に向上。

平賀's CHECK　HIRAGA's CHECK POINT

☑ アンケートは自社商品に合わせた項目を

ダイエット関連商品や、ニキビ対策商品を扱っていれば、アンケート情報項目に「ダイエット情報」「ニキビ情報」を加える。

☑ 手間を惜しまない

個々に対応した号外版を配信する場合、それだけ原稿も増えて手間がかかるが、それが確実に結果につながるのなら、惜しむ理由はない。慣れてくれば滝口さんのように、すべての原稿を3時間程度で作成できるようになる。

実例
35
ブログを利用してアクセスアップ

ライフスタイルをダイレクトに伝える

Success! 実例

ナチュラル・フード・コーディネーター
「西野椰季子☆ブログ」
http://nishinoyasuko.com/

マクロビオティック商材の宣伝のため、まさに実生活で実践している本人のライフスタイルをブログで更新している。生の体験がユーザーにダイレクトに伝わる。

共感を呼ぶブログ記事でアクセスアップ!

西野さんはレシピ本を出版した経験を活かして、レシピに関するメルマガを配信した。徐々にアクセス数も増えてきた頃、ブログにも挑戦。ブログではメルマガのレシピを画像つきで伝えた。また、カテゴリーも豊富にして、西野さんのパーソナルな部分を表現し、自身のマクロビライフを伝えた。その結果、センスのよさが共感され大ブレイク！　さらにスタッフも個別にブログを作り、サイト全体のアクセス数を増やした。

デザイン性重視のHPへリニューアル
↓
レシピに関するメルマガを配信
↓
自身の経験談を交えたブログ
↓
スタッフも個別にブログ
↓
サイトのアクセス数がアップ

お客様の心理

マクロビに興味があるので、参考にしている。自分でも作ってみたくなった。

お客様の心理

メルマガで配信されたレシピが画像で掲載されている。サイトで材料を購入して、さっそく作ってみよう。

購買心理をツク！

実体験と個性を前面に出し ファンとリピーターを育てる!

西野さんは既存のお客様を維持するため、店舗と通販のお客様にニュースレターやメニュー表を配り、常にアンテナを張り巡らせ、メルマガやブログのネタを考えているという。まめな努力とアイデアが顧客獲得へとつながる。

ブログを通して商品の使用感を伝える

↓

ブログの特徴を最大限に引き出す

↓

ニュースメールで最新情報を配信

↓

クロージング後はアナログツールで顧客満足度を高める

■ 表現方法は自由自在

実際に商品を使用し、その生の感覚をブログにてリアリティをもって伝える。表現方法を工夫すれば、広告宣伝とは違う効果が得られる。

■ 写真の見せ方が重要

特に食品などは写真や見せ方が重要ポイントである。小物などでイメージを膨らませ、商品はよりよく見せることが重要。

■ 丁寧な対応を

お客様の声をいただいた場合には、コメントを入れて送っている。丁寧な対応により、リピーターを育てることができる。

平賀's CHECK　HIRAGA's CHECK POINT

☑ 商品を使った体験談ブログをつづる

ブログの内容は自らが体験者となって、扱っている商品のよさをアピールする。内容がよければ定期的にアクセスしてもらえるし、場合によってはファンも作りやすい。

☑ アナログツールと連携したサービス

ブログと連動させるなら、ポストカードのようなアナログツールを活用したり、商品梱包の丁寧さなど、ネットビジネスでも対面接客のような気配り上手な面が欠かせない。

第5章 まとめ

限定モノ、企画モノ商品は販売するタイミングが命。季節モノ商品は、短期間に利益を上げることができ、リピート客も狙える

会員制にすることで、**長期的に利益を得ることができる。**そのためには、サービス面での顧客満足度を高めることが重要

万全の**サポート体制**で顧客満足度を高めれば、ロコミでジワジワと集客が見込めるため、継**続的に利益を得る**ことができる

「体験者の声」など、実際に**お客様が満足している声を届ける**ことで、**実績と信頼感をアピール**できる。その結果、サービスの評判が広まる

独自のSNSで既存客を囲い込む。マメな更新、レスポンスを心がけ、古参会員の協力を得れば、自ずと顧客満足度を高めることができる

ユーザーの目に届くよう、確実にメルマガを配信する。また、**個別に内容を変えたり、ステップメール**を活用することで、リピート率を上げる

ブログを通して商品の魅力をリアリティをもって伝えることができる。既存客のフォローに力を入れることで、リピーターを育てることもできる

第6章
仕掛け

集客、成約率を上げるネットのツールや仕掛け

ネットビジネスの拡大を図るためには、ちょっとした工夫が必要である。それは、インターネットのサイトに限らず、オークションや携帯サイトと組み合わせたり、You Tubeなどのツールを使った検索エンジン対策などである。ネットビジネスを成功に導くのは、あくなき探究心。そう思わせるネットの仕掛け達人の成功例を紹介しよう。

実例 36

You Tubeを利用して上位表示を目指す!

動画を利用したタダで集客できるワザ!

Success! 実例

コンサルティング業

「輸入 master 森治男のサイト」

http://www.moriharuo.jp/

輸入ビジネスのコンサルティング業を行う。多数のクライアントへのコンサルティングをする傍ら、輸入販売も行っている。海外向け販売サイトがオープン予定。

You Tube動画と検索エンジンの関係性

輸入ビジネス向けのコンサルタント業とネット販売マーケティングコンサルタントとして活躍している森さんは、You Tubeに、集客を目的とした動画をアップ。もうひとつ、動画名に「輸入品販売」というキーワードを入れることで、You Tubeのグループ会社でもあるGoogleに、動画が上位表示されるようになった。さらに、You Tubeにホームページアドレスなどの情報も明記することで、ダイレクトにアクセス数を稼ぐことができた。

You Tubeに動画をアップ

↓

動画名に「輸入品販売」と入れる

↓

Googleで「輸入品販売」と検索すると、上位にYou Tube動画がアップされる

↓

アクセス数アップ

POINT

You TubeとGoogleはグループ会社のため、Google対策用のキーワードを設定すると、動画が上位表示される。

ネットの仕掛け

動画をYou Tubeにアップして上位表示を狙う!

音楽やおもしろい動画などを視聴できることでおなじみの“You Tube”。実は、集客ツールとしてネットビジネスでも有効的である。無料で使用できるため、提供する側と利用する側の双方にメリットのあるビジネスツールと言える。

検索エンジン用にキーワードを設定してYou Tubeに動画をアップ

↓

You Tubeの動画が上位に表示される

↓

You Tubeのページに、自社ホームページのアドレスのリンクをはる

↓

アクセス数が上がる

■ ビジネスにつながる動画を作る

商品紹介や商品の使い方など、まるで実演販売を見ているかのような動画を作ることで、集客につなげて、成約率をアップさせる。

■ キーワードを設定する

検索エンジン対策用に、複合キーワードを2個以上設定し、上位に表示されやすいようにする。

■ You Tube のページにリンクをはる

動画を見てもらって終わりにならないよう、自社ホームページのリンクをはり、集客に直結するよう仕掛ける。

平賀's CHECK　HIRAGA's CHECK POINT

☑ グーグルの関連会社を使いまくる!

You Tubeは、Google社に買収され関連会社になった。そのため、Google社の検索エンジンと連動して、You Tubeの動画も上位に表示されやすくなった。また、iPhoneなどとも連動しているため、広範囲での集客が可能となるだろう。

☑ 動画を使えばパソコンで実演販売も可能となる!

無料で動画をアップできるYou Tube。商品を扱っている会社は、この機能を使わない手はない。実演販売などの動画を、ユーザーが求めるキーワードと共に設定すれば、新たな集客スタイルが確立できる。

実例 37

ポッドキャスティングで集客率を倍増させる!

オーディオ教材でセミナー級の最新情報を発信!

Success! 実例

ビジネス系情報発信サイト

「起業家ポッドキャスティング」

http://www.kigyouka-pod.biz/

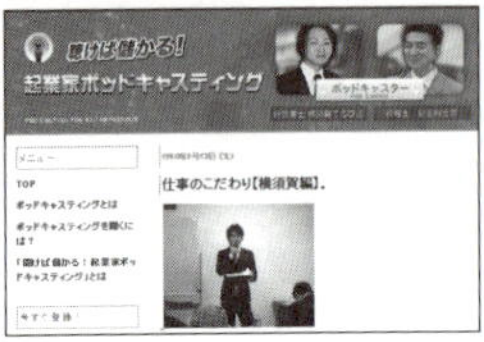

起業家を対象としたビジネスノウハウを配信するポッドキャスティング。聞くだけで儲かると思える程、実践的ですぐに使える方法を凝縮して提案している。

情報を高頻度で発信して、登録者を増やす!

ネットラジオとして人気のポッドキャスティング。ブログやメルマガなどを凌ぐ読者増加率を誇る利用価値が高いツールだ。上記番組を主宰する見田村さんと横須賀さんは、起業家向けのビジネスノウハウを最低週1回、多いときには2回更新するなどの工夫をして、お互いのブログなどで登録数を1000人まで増やした。そしてポッドキャスティングを導入して3年で42,000人にまで登録数を増やすことに成功した。

メルマガやブログなどで登録者数1000人を目指す

↓

もっと登録者数を増やしたい……

↓

ポッドキャスティング導入・配信開始

↓

配信頻度を毎週にする

↓

3年後…42,000人突破!

POINT

読者にまるで一般のラジオ番組を聴いているかのように、会話のテンポや雰囲気を重視した“番組作り”を目指す。

POINT

更新頻度が読者を増やす最大の要因だと仮定し、1週間に最低2回は配信を行い、登録者を飽きさせないコンテンツにした。

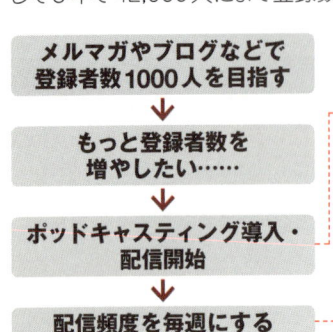

ネットの仕掛け

ブログと一緒に配信していっきに登録者数を増やす

ポッドキャスティングの一番の特徴は、時・場所を選ばず持ち歩けることにある。録音機器がなくともパソコンで録音することができるため、手軽で利用価値の高いツールと言える。

ポッドキャスティング

発信者

- 情報を発信したい
- 手軽に発信したい
- パートナーと発信したい
- ブログの登録者を増やしたい

受信者

- 常に情報を持ち歩きたい
- 最新の情報が欲しい
- 短時間で知識を得たい
- すき間時間を利用したい

ビジネスノウハウや語学などの教材としてポッドキャスティングを利用するユーザーが増えている。登録数を増やすというメリットはもちろん、成約までの近道となるツールとして注目しておきたい。

ポッドキャスティングの聴き方

ポッドキャストを配信しているサイトからダウンロードして、ipodなどで聴く方法。ポッドキャストのファイルをダウンロードするために作られたアプリケーションを使い、定期的にダウンロードする方法がある。

平賀's CHECK

HIRAGA's CHECK POINT

☑ ネットラジオという特性を活かす

ポッドキャスティングは、セミナーに行く時間がない多忙を極めるビジネスマンでも利用しやすいツール。定期的に更新し、ラジオ番組のようにテンポよく進むように心がければ、固定ファンを作ることができる。

☑ 誰でも簡単にはじめられるビジネスツール

ノートパソコンやiPodなどの機器が浸透している今だからこそ始めたい音声ツール。ICレコーダーなどで録音し、指定の場所にアップするだけで配信できるので、オーディオ教材として有効活用したいところ。

実例
38

モバイルマーケティングで効果的な集客を行う

保有率の高いモバイルはビジネスチャンス!

Success! 実例

携帯検索エンジン対策サービス

「モバイルSEOプロ」

http://seo.mobile-pro.jp/

携帯サイト向けSEO対策サービス。成果報酬型と定額型をはじめとし、利用者のニーズに合わせたオーダーメイドの携帯検索エンジン対策サービスを展開している。

モバイルで最新マーケティングを!

ネット集客で培ったノウハウをモバイルに応用し、携帯専門のシステム開発やサイト作成を手がけるヴイワンの面来さん。「モバイルSEOプロ」を運営し、SEO対策やPPC広告のサービスを提供するようになってから、携帯ビジネスの膨大な情報が集まるようになった。また、アフィリエイトに目をつけ、有力な携帯アフィリエイトサイトの代理店となり、先駆者のいなかった物販の出品で多大なシェアを獲得した。

パソコンからの顧客の減少

↓

携帯専門ビジネスの強化

↓

アフィリエイトの活用

↓

物販第一号の出品者となり圧倒的なシェアを獲得

↓

複数のマーケティングを組み合わせて展開する

POINT

さまざまなマーケットで集客することで、顧客の幅を広げることができる。

POINT

売上を一つに集中させておくよりも、分散しておくことがリスクマネジメントになる。

ネットの仕掛け

アフィリエイトを活用して自社の販売力を強化する!

ネットマーケティングにおいて、効果的な手法として一般化されているアフィリエイト。成果に対して報酬が発生する仕組みなので、コスト削減が見込め、費用対効果が高い。

アフィリエイトのメリット&デメリット

成果報酬型だから無駄な広告費にならない

売れた場合は報酬を支払うことになるが、広告費と割り切れば安いもの。販売力を強化する手法としては効果的である。

リピート客はダイレクトに利益に

2回目からの購入は、アフィリエイト経由ではなくなるので利益が大きくなる。リピート性のある商品を扱うとよい。

客層を広げる

ほかの人に販売（紹介）してもらうため、何倍ものユーザーに対してアプローチを行うことができるので、自分では開拓できないような客層を広げることができる。

クレーム・返品などのリスクに注意！

導入するサイトによっては、煽った表現で販売しているアフィリエイターもいるので、クレームや返品が発生する可能性が高くなる。

平賀's CHECK　HIRAGA's CHECK POINT

☑フルマーケティングを取り入れる

ネットでの集客方法は常に進化している。パソコンや携帯など、複数のマーケティングを組み合わせて展開し、顧客属性を広げて販売力を強化させていくことで、安定したビジネスが運営できる。

☑先駆者が優位なポジションを築く

インターネットでは先駆者が圧倒的なシェアを獲得する。そのため、少しでも早く最先端の情報を得て実行することが成功の秘訣だ。常に最新マーケティングを追い求める姿勢が重要である。

実例 39

オークションを活用し短期間で結果を出す！

自社サイトとオークションの２本立て販売

Success! 実例

副業サポーター
「副業で成功した、高須穣のサイト」
http://fukugyou-supporter.com/

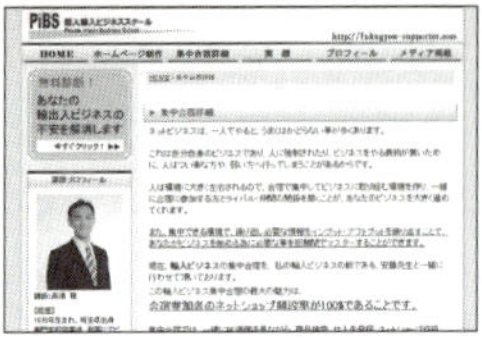

自身の副業ビジネスの成功体験をもとに、サイト作成やSEO対策なども含めた個人輸入ビジネスのスクールを運営。副業での成功を目指す受講者を、手厚くサポートしている。

準備期間わずか2か月で売上180万

スポーツ関係の商品を扱っている高須さん。自社サイトを作成しPPC広告でマーケティングするも、満足のいく利益が得られなかった。そこで、オークションを活用することに。新商品情報を掴むとすぐに個人輸入で販売を行った。また、高須さんは輸出も取り入れており、ライバルが増え価格競争になった厳しい時期も乗り切れた。輸入と輸出の双方を手がけることで、安定したビジネスを構築した。

PPC広告＋自社サイト
↓
なかなか利益が出ない
↓
新しい商品で輸出入ビジネス開始
↓
人気商品はオークションでも販売
↓
利益アップ

お客様の心理

オークションで注目するのはまず価格。あとは、商品の説明や使用方法が明確だと安心できる。

ネットの仕掛け

オークションサイトを使えば コストをかけずに起業できる!!

「ヤフオク」や「eBay」を使えばホームページも不要なので、コストをかけずにすぐ始められる。また、自社サイトを立ち上げ、双方で販売を行えば、事業として確立することも可能だ。

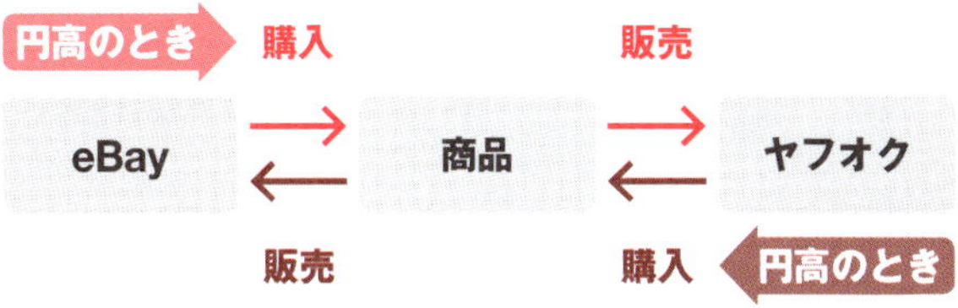

■ ヤフオク・eBay

円高であれば輸入が中心になる。eBayから商品を安く購入して、ヤフオクで販売する。逆に円安であれば、ヤフオクで購入し、eBayで販売する。

■ 自社サイトの構築

オークションで好反応の商品が見つかったら、自社サイトでも販売を行う。サイトはASPを使えば簡単で気軽に利用できる。PPC広告とSEO対策を行って、上位表示を狙う。

■ ジャンル誌で情報収集

販売商品のジャンル雑誌をよく読んでおく。購入者は雑誌で情報を得ていることが多い。購入者と同じ視点を持つことが重要だ。

平賀's CHECK　HIRAGA's CHECK POINT

☑ライバルとの差別化

オークションはライバルが多く、動向をみながら価格設定を行っていくことになる。輸入品には日本語マニュアルをつけるなど、ライバルとの差別化を図ることがカギ。

☑ジャンルを特定する

特定のジャンルの商品を続けて扱うことで、評価が上がればリピーターも見込める。次第に自分も目利きをできるようなるので、商品の良し悪し、相場をより掌握することができる。

実例 40

携帯サイトをプラスして売上を飛躍的に上げる!

ユーザー層を広げて受注数アップ

Success! 実例

教材販売・ネットコンサルティング

「インフォテック」

http://www.kanbashi.com/

運営者がネットビジネスで成功した経験を活かし、情報起業で稼ぐための教材を販売するサイト。コンサルティングも行う。初心者にもわかりやすい説明で成功へと導く。

携帯ビジネスへの参入で売上げアップ!

大手自動車部品会社の支店長をしていた神橋さん。脱サラをして情報ビジネスとコーヒー豆を販売するサイトを立ち上げた。月30万円売上げるようにはなったが、マーケティングにお金をかけることができず、伸び悩む。そこで、徹底的にサイトの成約率を上げる方法を勉強し、サイトを改善。プラスαとして携帯サイトにも参入することで、月収300万円を維持できるまでになった。

マーケティングにお金をかけられない

↓

徹底的に勉強しサイトを改善

↓

携帯販売をプラス

↓

売上が10倍にアップ

お客様の心理

サイトが見やすい。情報もわかりやすくまとめてあって、購入までがスムーズに行える。

お客様の心理

携帯サイトは、いつでもどこでも情報チェックや購入ができて便利! 携帯サイトから注文してみよう。

ネットの仕掛け

携帯サイトが一般化した今は ユーザーを拡大するチャンス

今や携帯電話は1人1台の世界。携帯で物を買うことも一般化してきた。携帯サイトを取り入れることは、ユーザー層の拡大が狙え、パソコンと連動させることで利益を上げることも可能となる。

サイトの向上のため積極的に情報収集

↓

パソコンサイトを作成

携帯サイトと連動

↓

検索エンジン対策 メルマガ配信

↓

利益アップ

■ 情報収集の重要性

情報収集は先行投資だと思い、お金をかけてでも積極的に行うべき。そうすることで、商材選び、サイトの方向性、マーケティングの方法など、今やるべきことが見えてくる。

■ 2つのサイトを連動させる

パソコンサイトが携帯サイトに変換されるASP（例：「おちゃのこネット」http://www.ocnk.net/）などを利用し、2つのサイトを連動させることで運営をスムーズにし、売上アップも狙える。

■ わかりやすいサイト作り

パソコン、携帯サイトとも“わかりやすいサイト”が売れる。商品内容、ショップ情報が一目でわかるようなサイトが望ましい。

平賀's CHECK

HIRAGA's CHECK POINT

☑ライバルが少ない携帯サイトを有効に活用

携帯サイトはライバルが少なく、シンプルなマーケティングでも売れやすい。小さい画面でも情報を有効に伝える工夫、検索エンジン対策やメールマガジンを活用すれば、利益を上げることができる。

☑正しい知識とタイミングがカギ

携帯販売は、広範囲に集客をしたいとき、利益を上乗せしたいときに有効な手段。携帯ビジネスが多様化している現代では、正しいマーケティング、サイト制作の知識を備えておくことが必要不可欠である。

実例 41

サイトを分割し集客・成約を効果的に分散！

複数のサイトで各ターゲットを狙い撃ち！

Success! 実例

マリンスポーツショップ
「Sururu」 http://sururu.info/
http://www.sururu58.com/
http://www.oki-win.com/　など

沖縄でマリンスポーツやバーベキューをメインとした旅行を斡旋するサイト。学生向けのイベントから、家族旅行や冬の沖縄旅行などテーマによってサイトを分割している。

検索ワードに合ったサイトの量産で売上倍増！

沖縄でマリンスポーツショップを経営する玉城さん。集客をアップさせるため、ブログはもちろん「沖縄　団体旅行」「沖縄　家族旅行」「沖縄　卒業旅行」とターゲットを分け、それぞれ独立したサイトを運営した。そうすることにより、いずれも狙ったキーワードで上位に表示されるようになり、集客はもちろん、成約率も前年比の2倍を達成し、個人事業主から、6名のスタッフをかかえるまでに成長した。

「沖縄」と「団体旅行」「家族旅行」「卒業旅行」など、キーワード別に複数のサイトを作る

↓

各サイトのドメインをすべて新規で取得

↓

各キーワードで上位に表示される

↓

狙いを絞ったサイトの量産で売上が前年比の2倍に！

POINT

1つのサイトを大きくするより、複数のサイトを作る方が、各ターゲットに向けてピンポイントに集客できる。

POINT

新規のドメインを取得し、検索エンジンで上位表示されることにより、目に留まりやすくなる。

ネットの仕掛け

サイトを分散専門化し、検索エンジンで上位表示を狙う！

検索エンジンで上位表示を狙うには、サイトの量産が必要不可欠。ターゲット別に、キーワードを限定したサイトを新規ドメインで作ることで、検索エンジン対策はバッチリ。

1つのサイトを拡大

卒業旅行にも！
団体旅行にも！
家族旅行にも！
個人旅行にも！
社員旅行にも！
秋・冬にも！

従来のやり方で、1つのサイト内にさまざまなコンテンツを盛り込み、大きくしていくという総合サイトの手法。ネットビジネスにおいて、集客・成約の面で、効果が出にくくなってきている。

＜　集客・成約率で右に軍配！

サイトの量産

卒業旅行向け
団体旅行向け
家族旅行向け
秋・冬
ブログ

サイトを分散専門化し、各サイトのドメインを新規で取得する手法。検索エンジンにおいて、独立したサイトとして認識させ、各キーワードにおいて、上位に表示されることで、アクセス数を獲得できる。

平賀's CHECK　HIRAGA's CHECK POINT

☑テーマ・エリア別でキーワードを絞り込む

仕事のコンテンツが多岐にわたる場合は、1つのサイトに詰め込むよりは、コンテンツごとにサイトを作る。キーワードを絞れば絞るほど、検索エンジンに上位表示され、ユーザーの目に留まりやすくなる。

☑メインサイトとサブサイトとブログをフル活用

間接的にビジネスに結びつける手法としてブログを活用する。自分の住んでいるエリアやキーワードを限定し、定期的に更新することで、アクセス数も高まり、直接ビジネスに結びつく可能性が高くなる。

実例
42

ツールの利用で顧客のリストを獲得!

リスト取りに苦労しない画期的な方法

Success! 実例

鍼灸院

「馬場聖鍼堂」

http://www.harikyuu-seishindou.com/

不妊治療専門の漢方鍼灸院で、東洋医学の視点から体質改善を目指す。患者は1日10名に限定し、じっくりと質の高い治療を行いながらも、受診しやすい価格で治療を行う。

ユーザーの質問に答えながら獲得数を増やす!

鍼灸院を営んでいる馬場さんは、平賀氏とその会員の安田さんが考案した顧客リストを取るためのツール、「ファーストチェッカー」を導入した。すると、1か月に1件くらいのリスト獲得数だったのが、1日10件に増加。また、馬場さんはファーストチェッカーに記述欄を加え、記入してくれたお客様に個別にメールを返信した。その結果、馬場さんが開催する無料説明会の参加者が増え、その8割以上を成約に結びつけた。

集客が上がらない

↓

ファーストチェッカー導入

↓

1日10件のリストを獲得

↓

個別にメールを返信

↓

成約数アップ

POINT

無料メール診断のボタンをクリックしてみたら、アンケートが出てきた。チェックを入れて、アンケートに答えよう。

POINT

自分宛てのメールが返信されてきた! 個別にしっかり対応してくれる印象を受ける。受診してみよう。

ネットの仕掛け

効果的に顧客リストを集める アンケート方式の収集ツール

顧客リストがあればメルマガやDMを送ることができ、利益につながる。しかし、個人情報に関してユーザーが敏感になっている昨今、リストがなかなか取れない。この状況を打ち破るのが、ファーストチェッカーなどのツールの利用である。

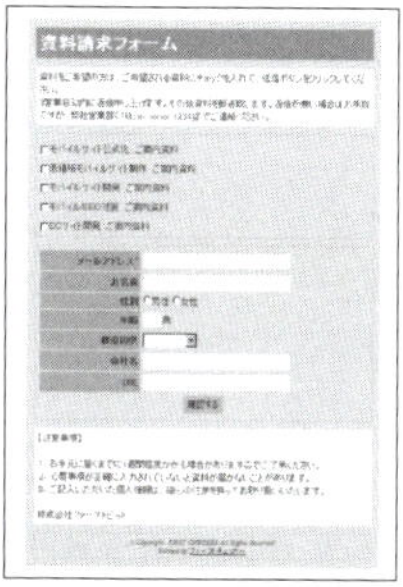

参考サイト：http://www.firstchecker.jp/
※個人情報取得の目的、利用範囲、取り扱いについても細心の注意を払う旨を明記しておくこと。

■ ファーストチェッカーとは？

マーケティングに必要な、顧客情報を得るためのリスト収集ツール。左図のようにチェックボックスを設け、ユーザーにアンケートを実施する。

■ 効果的な設定と項目

資料請求ホーム、無料メール診断などと共に設置し、ユーザーが知りたい情報と運営側が得たい情報を効率よく収集できるような項目を設定する。

■ 項目に沿った返信

事前に各項目に応じた返信メールを作っておき、ユーザーがチェックを入れた項目に応じて自動でメールが返信される仕組みになっている。これにより、迅速な対応が可能となる。

平賀's CHECK　HIRAGA's CHECK POINT

☑ Q&A方式で反応率を上げる

顧客リストの獲得が難しくなっている中で、反応率を上げる方法がQ&A方式である。ユーザーの質問に返信する内容でフォームを作るとよい。

☑「パーソナル化」したメールで差をつける

自動返信メールは便利ではあるが、それだけでは完璧ではない。馬場さんは、コメントをもらったお客様には自動返信メールの件名にお客様の名前を加え、直接メールを送っている。このような個別対応が、ユーザーの満足度、信頼度を上げ、成約数を上げるのだ。

実例
43

広告審査に通りやすいサイトで成約率を上げる

短文・動画・メルマガの仕掛けが強い！

Success! 実例

スポーツ・クリニック系DVD販売
「株式会社 Real Style」
http://www.real-style.co.jp

DVDによる情報販売をするサイト。スポーツ系、クリニック系の情報を得意とする。ノウハウや情報を提供するほか、セミナー・講演会の運営も手掛けている。

リスト収集を主体にしたPPC広告で成功

Real Styleではランディングページの文章を短くし、コンパクトにまとめることでPPC広告の審査に通りやすくした。しかし、文章量を減らしたためか、今度はユーザーの反応が悪くなった。そこで、無料メール講座に誘導するような内容の動画を導入し、ユーザーのリスト収集に注力。登録者にはステップメールの配信、さらに号外版メルマガを配信して、教材の成約率をアップさせることに成功した。

文章量を減らし リスト収集を主体に
↓
審査をクリア
↓
情報配信
↓
登録者にメルマガ配信
↓
成約に持ち込む

お客様の心理
画面の上位に表示されたサイトを見てみよう。

お客様の心理
参考になる追加情報がメルマガで届いてうれしい。こういう内容を学べるなら教材を購入しよう。

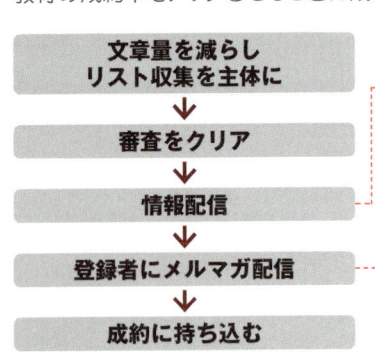

ネットの仕掛け

文章量を少なくすることで PPC広告の審査に通りやすくなる

PPC広告の審査基準は厳しくなってきている。そのため、文章量が多いと使用した言葉が不当だとみなされる確率も増える。文章量を減らせば審査をクリアしやすくなるのである。

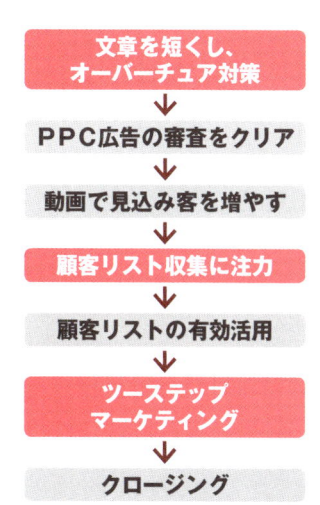

文章を短くし、オーバーチュア対策
↓
PPC広告の審査をクリア
↓
動画で見込み客を増やす
↓
顧客リスト収集に注力
↓
顧客リストの有効活用
↓
ツーステップマーケティング
↓
クロージング

■ 動画でサイトの質を補う

文章量を減らした分、ユーザーを引きつける動画を掲載することでサイトの質を補う。

■ 顧客リストを有効活用

無料メール講座など、顧客リストを獲得できる方法を取り入れるようにする。自動的なプログラムを使うなどして迅速に対応しよう。

■ ツーステップにする

まずは無料の情報を配信して登録してもらい、次に登録者にステップメールを定期的に配信するなど、ツーステップマーケティングにすることで成約率を上げる。

平賀's CHECK　HIRAGA's CHECK POINT

☑ 文章量を減らすことが審査をクリアする有効な手段

PPC広告はネットビジネスにおいて重要な集客媒体である。しかし、掲載基準は厳しくなってきている。審査をクリアし、PPC広告で利益を出すためには、文章量を減らすことが有効な手段と言える。

☑ 登録されたリストへのメルマガは費用対効果が高い

ユーザー登録などで獲得したリストは、大切な見込み客である。解除されない限り何度でも使うことができるため、費用対効果が高い。メルマガなどで適切なマーケティングを重ね、成約に結びつけるようにしたい。

第6章 まとめ

You Tubeは Googleの検索エンジンと連動しているため、**動画をアップすると上位表示されやすい**

ポットキャスティングを利用してブログを配信すれば、登録者を一気に増やすことができる

成果に対して報酬が発生する仕組みの**アフィリエイト**は、**コスト削減**が見込め、**自社の販売力を強化するツール**として有効である

オークションサイトはホームページが不要で、コストをかけずに、**すぐにビジネスが始められる**

携帯で物を買うことが一般化した今、**携帯サイト**を取り入れることは、**ユーザーを拡大**することにつながる

サイトを検索ワード別に分散、専門化し、**サイトを量産**することで、**集客のリスクを減らし、利益を上げる**ことができる

顧客リストは経営者にとっての財産。**アンケート方式でリストを収集する**ツール、ファーストチェッカーで効果的なリスト取りを実現する

ランディングページの**文章量を少なくする**ことで、**PPC広告の審査に通りやすくなる**

付録

押さえておきたい ネットビジネス関連用語集

この付録では、本文中にある用語を中心に、ネットビジネスで押さえておきたい関連用語を掲載・解説しています。読み物としても、ビジネスの場でも使えるものばかり。ぜひ、押さえておこう!

ア行

アカウント

コンピュータやネットワークを利用できる権利のこと。または、利用する際に必要なIDのこと。ネットワークにログインするためのアカウントや、電子メールを送受信するためのアカウントなどがある。

アドワーズ広告

Google社が提供する広告サービス。クリック課金・オークションタイプの広告で、連動したキーワード検索により広告が表示される検索連動型広告。1クリック単位での課金システムになっている。

アフィリエイト

「提携する」または「加盟する」と言う意味を持つ。Webサイトやメールマガジンなどに任意の広告主の広告を掲載し、誘導されたユーザーが広告主のサイトで商品を購入したり、アクションを起こした場合に報酬が得られる成果報酬型の広告配信手法。

オークション

インターネットなどの通信サービス上で行われるオークションを「ネットオークション」という。また、ネットワークを通信媒体として利用したオークションを「オンラインオークション」と呼ぶ。

カ行

キーワード

《keyword》＝鍵になる言葉。URLを知らなくてもキーワード検索によりWebサイトにアクセスすることができる。特定のキーワードとWebサイトを関連づけて登録しておくと、関連サイトへ誘導される。

クラウド・コンピューティング

インターネットを経由（オンライン）してオフィスソフトを使えることを指す。Google社のGmail、マイクロソフト社のOffice Liveなどがこれに該当する。今まで購入していたアプリケーションやソフトの費用が削減できるメリットがある。

クロージング

一連の取引が完了すること。商談をまとめ契約を締結し、代金決済が終了することを指す。

検索エンジン

インターネットで公開されている情報をキーワードなどを使って検索し、目的のサイトを検索する機能およびそのプログラム。「サーチエンジン」とも呼ばれる。「ディレクトリ型」と「ロボット型」に分類される。ディレクトリ型ではYahoo! Japan、ロボット型では、GoogleやInfoseek、gooなどが有名。

検索連動型広告

インターネット広告の一種で、検索サイトに入力したキーワードに応じて適切な広告が表示されるという広告配信方法。検索連動型広告を提供するサービスは有料リスティングサービスと呼ばれる。Yahoo!社の「スポンサードサーチ」やGoogle社の「アドワーズ」などが有名。

サ行

ステップメール

あらかじめ設定した日時に自動でメール配信ができるツール。営業メールや、商品購入者へのフォローなどに使われることが多い。メルマガなど定期的に配信するサービスにおいて、手間が大幅に削減できる。

スモールワード

検索エンジンで、狭い範囲のターゲットに向けた検索数があまり多くないキーワードのことを言う。反対に、検索数が多いキーワードをビッグワードと言う。

タ行

タイトルタグ

ホームページ作成用に使用するプログラミング言語であるHTML内のタイトルのこと。SEO対策において、検索エンジンで上位表示するために最も重要視されている要素である。

ツーステップマーケティング

見込み客を集めるステップを踏んだ上で、購入ステップに引き上げる手法。例えば、潜在顧客を無料サンプルなどで集めて見込み客を増やし、より購買意欲の高い見込み客に購入を働きかけることで、成約までの時間を短縮することができる。

ハ行

バックリンク
あるWebページに向けて、ほかのWebサイトから設置されたリンクのことを指す。SEO対策で信頼度が高いサイトからバックリンクされているWebページは、信頼度が高いと見なされ、上位表示される可能性が高い。

ビッグワード
検索エンジンにおいて、月間10万件以上検索されるキーワードのことを指す。ビッグワードのみで登録しているサイトは、ほかの多くのサイトとキーワードが重複してしまい、上位表示されにくくなる。

複合キーワード
検索エンジン対策用に2語以上のキーワードを組み合わせたものを指す。例えば、「整体　蕨市」「ホームページ　作成　無料」など。

ブログ
個人の趣味や特定の話題について、個人や数人のグループで時系列順に書き綴る日記風のWebサイト。WebとLog（記録・日誌）を組み合わせた「Weblog」という言葉を略した言い方。また、世間に対して影響力が強いブログ運営者（ブロガー）をアルファブロガーと呼ぶ。

ポッドキャスト
ネット上で配信・更新される音声・動画のデータファイルのこと。iPodとブロードキャスティング（意味：放送する）を組み合わせてできた造語である。ラジオ番組やビジネス用途でも使えるツールである。

マ行

メールマガジン

Eメールを利用した情報発信型のメディア。メールアドレスを登録した人へ定期的に配信できるところが売り。企業が行う情報発信マガジンや、あらゆるジャンルのメールマガジンが配信されている。顧客へのフォローのために定期的に最新情報を送ることなどで関係性を保つことができる。

メタタグ

検索エンジンで検索ヒット率が高くなると言われるプログラミング言語上のタグの1つ。

ヤ行

ヤフーリスティング広告

Yahoo!社が提供する広告サービス。Yahoo! JAPANをはじめとする多くの媒体に検索連動型広告・キーワード広告サービスを提供。オークションによって掲載金額や順位が決まるキーワード広告システム。

ラ行

ランキングサイト

何らかの特定ジャンルのサイトのうち、ランキングに参加登録をしたサイトを順位づけて紹介するサイトを指すのが最近では一般的。サイトの人気・信頼度がダイレクトにわかるため、各ジャンルで人気のランキングサイトも存在する。

リスト入手
顧客リストを入手すること。問い合わせや購入時に入手した、ユーザーの住所やメールアドレスなどの情報を集めたもので、DMやメールマガジンの発行に活用できる。顧客リストを有効に活用することで、継続的に利益を上げることができる。見込み客リストや既存客リストなど、リストを細分化し、それぞれに効果的なマーケティングを行うとよい。

アルファベット

ASP
「Application Service Provider」の略で、業務用のアプリケーションソフトをあらかじめサーバーに設置し、インターネットを介して顧客にレンタルする事業者を指す。レンタルすることにより、顧客はソフトを別途購入してインストールする必要がなく、初期費用を抑えることができる。

B to B
「Business to Business」の略で、企業（Business）間の取引の形態を示す。「B2B」と記載されることもある。電子商取引でも使われる用語。

B to C
「Business to Consumer」の略で、企業と消費者（Consumer）との取引、つまり小売りを意味する。ネット上では、ネットショップやビジネスでのサービスや物販関連の販売を指す。ネットオークションなどの一般消費者同士で行われる商取引を「C to C」と呼ぶ。

eBay
米国のイーベイ社が運営している、インターネットオークションを中心としたサービスを提供しているWebサイト。世界一有名なオークションサイトである。2007年に日本語版が登場した。世界を相手にしたオークションでの成功者も多数出ている。

LPO
「Landing Page Optimization」の略で、ランディングページの最適化を意味する。ランディングページとは、商品購入や申込みなどの成約に結びつくページのことを言い、購入ページへの誘導と購入という行動に結びつけるための最適化を目的とする。

PPC広告
「Pay Per Click広告」の略で、クリック毎に課金されるタイプの広告を意味する。検索エンジンでの検索キーワードと連動して広告が表示され、ユーザーがクリックする度に課金される広告で、ネット広告の中で、高い費用対効果があるとされ、広く活用されている。アドワーズやヤフーリスティング広告などが有名である。

SEO
「Search Engine Optimization」の略で、検索エンジンでの検索結果で自社のWebページが上位に表示されるように工夫することを言う。それらの技術やサービスの意味も含む。アクセス数を増やすことを目的とし、ターゲット別に適切なキーワードの設定や、ほかのWebページにリンクを貼ってもらうなどの方法がある。

SNS
「Social Networking Service」の略で、インターネット上での友人・知人間のコミュニケーション手段や、同じ趣味・趣向などで人間関係を構築する場を提供するコミュニティー型会員制サービスのことを言う。日本では「mixi」や「GREE」、海外では「MySpace」や「Facebook」などが有名である。

SSL

「Secure Sockets Layer」の略で、インターネットを介して情報を暗号化して通信ができることを指す。プライバシーやクレジットカード番号などをHTTPやFTPといったネット通信手段を介して暗号化できるため、安全に送受信できるようになる。

You Tube

Google社の子会社でもある動画コンテンツ共有サイト。すべてのインターネット利用者が無料で回覧できるのが魅力。会員登録をすることにより、規定の容量と再生時間内で動画ファイルを公開することができる。手軽に公開できることから、ビジネス用途でも利用できる。

〈監修〉

平賀　正彦（ひらが　まさひこ）

株式会社ネット110 代表取締役（http://www.hiragamasahiko.jp/）。
中央大学商学部経営学科卒。大学卒業後、大手パチンコチェーン店に入社。十数年勤務し、店長を努める。その後、時代の最先端を行く風俗業会で養った経営センスを武器に、インターネット業界へ参入。経営コンサルティング、セミナー運営、教材販売を始める。現在、800名を超える会員組織を運営し、中小企業や起業家に対してのサポートを1人で行う。まったくのゼロからネットで利益を上げる方法をアドバイスし、多数の成功者を輩出。ネットビジネスに限定したクライアントの成功率は93%。著書に『日本一やさしいネットの稼ぎ方』『あなたの会社&お店がネットで儲かる!』（フォレスト出版）、『ネットの先取り商法』（ダイヤモンド社）がある。

編　　集　STUDIO DUNK、
　　　　　肥後晴奈
デザイン　STUDIO DUNK

ビジマル

実《じつ》例《れい》が教《おし》える!　ネット購《こう》買《ばい》心《しん》理《り》をつかむ　成《せい》功《こう》の法《ほう》則《そく》

2010年4月20日　初　版　第1刷発行

監修者	平　賀　正　彦
発行者	斎　藤　博　明
発行所	ＴＡＣ株式会社　出版事業部 （ＴＡＣ出版） 〒101-8383　東京都千代田区三崎町3-2-18 西村ビル 電話 03（5276）9492（営業） FAX 03（5276）9674 http://www.tac-school.co.jp
印　刷	株式会社　光　邦
製　本	東京美術紙工協業組合

ISBN 978-4-8132-3586-6
　　　　　　　　　　　　　　　　　　落丁・乱丁本はお取り替えいたします。

本書は、「著作権法」によって、著作権等の権利が保護されている著作物です。本書の全部または一部につき、無断で転載、複写されると、著作権等の権利侵害となります。上記のような使い方をされる場合には、あらかじめ小社宛許諾を求めてください。

視覚障害その他の理由で活字のままでこの本を利用できない人のために、営利を目的とする場合を除き「録音図書」「点字図書」「拡大写本」等の製作をすることを認めます。その際は著作権者、または、出版社までご連絡ください。

「ビジネス･スキルがまるまるわかる！」をコンセプトに生まれた、新スタイルのビジネス書籍『ビジマル･シリーズ』。ビジネスシーンだけでなく、プライベートの場でも活きるエッセンスがコンパクトにまとめられた、即効ビジネス虎の巻として多くの方からご好評をいただいております。

◆第二集：成功の秘訣編

「できる人になる！コミュニケーション 成功の法則」
箱田忠昭　監修　　定価700円（本体価格＋税）

「実例でわかる！差別化マーケティング 成功の法則」
金森努　監修　　定価700円（本体価格＋税）

「伸びる組織のための！あえて、やらない 成功の法則」
ナイスク企業支援事業部　編著　　定価700円（本体価格＋税）

「実例が教える！ネット購買心理をつかむ 成功の法則」
平賀正彦　監修　　定価700円（本体価格＋税）

「トップアスリートに学ぶ！ここ一番の仕事集中術 成功の法則」
児玉光雄　監修　　定価700円（本体価格＋税）

ビジマルは組み合わせで効果倍増！

必要な知識を、1冊ずつ選んで手軽に手に入れられるのが『ビジマル』の魅力ですが、ビジマル同士を組み合わせることで、更に効果が倍増するのです。
例えばマネジメント力の強化を目指すなら「課長力トレーニング」と「ビジネス思考力トレーニング」でトレーニングを積んで、「行動科学マネジメント 成功の法則」や「あえて、やらない 成功の法則」で更に磨きを掛ければ、あなたの目指す姿にぐんと近付けるはずです。
ビジマルには様々な組み合わせで大きな効果を生み出す要素があります。
あなたの“今”に効く組み合わせを選んで、ビジネスに役立ててください。

ビジマル・シリーズは全国の書店で大好評発売中!
お近くの書店に在庫がない場合には、お気軽に下記までお問い合わせください!

TAC出版（TAC株式会社 出版事業部）
〒101-8383 東京都千代田区三崎町3-2-18
Tel 03-5276-9492（平日9:30〜17:30）　Fax 03-5276-9674（24時間受付）
TACサイバーブックストア　http://bookstore.tac-school.co.jp/
※表示価格は税込価格です。価格は変更になる場合がございます。

TAC出版の書籍について

書籍のご購入は

1 全国の書店・大学生協で

2 TAC・Wセミナー各校 書籍コーナーで

3 インターネットで

TAC出版書籍販売サイト
Cyber Book Store
http://bookstore.tac-school.co.jp/

4 お電話で

TAC出版 注文専用ダイヤル
0120-67-9625
携帯・PHS OK
※携帯・PHSからもご利用になれます。

刊行予定、新刊情報などのご案内は

TAC出版
03-5276-9492 ［土・日・祝を除く 9:30～17:30］

ご意見・ご感想・お問合わせは

1 郵送で　〒101-8383 東京都千代田区三崎町3-2-18
TAC株式会社 出版事業部 宛

2 FAXで　**03-5276-9674**

3 インターネットで

Cyber Book Store
http://bookstore.tac-school.co.jp/
トップページ内「お問合わせ」よりご送信ください。

（平成21年10月現在）